初中版

家长课堂

◆ 张玲玲　主编

山东城市出版传媒集团·济南出版社

图书在版编目（CIP）数据

家长课堂 / 张玲玲主编. — 济南：济南出版社, 2018.8
ISBN 978-7-5488-3387-1

Ⅰ.①家… Ⅱ.①张… Ⅲ.①初中生-家庭教育 Ⅳ.①G782

中国版本图书馆 CIP 数据核字 (2018) 第 198253 号

编委会
（按姓氏笔画排序）

主　　编　张玲玲
副主编　关　蔚　李　静　姜大鹏　高立平
编　　者　于永丽　王国香　王桂亮　刘　霞　关　蔚　汤晓宁　孙金秋
　　　　　孙淑杰　李　颖　李　静　李晓芹　何　婷　宋美霞　宋晓晴
　　　　　张　娜　张文卿　张乐华　张玲玲　张海霞　张婷婷　周冬华
　　　　　高立平　温　勇

出版人　崔　刚
责任编辑　张　静　乔俊连
封面设计　焦萍萍
插　　图　许子超
技术监制　万　斌
出版发行　济南出版社
编辑热线　0531-86131720
发行热线　0531-67817923　86922073
印　　刷　济南乾丰印刷有限公司
版　　次　2018 年 11 月第 1 版
印　　次　2018 年 11 月第 1 次印刷
成品尺寸　170 mm × 240 mm　16 开
印　　张　9.5
字　　数　110 千字
印　　数　1-3000 册
定　　价　35.00 元

CONTENTS 目 录

导　读　家有儿女初长成 / 1

第 1 课　孩子周末太贪玩怎么管 / 9

第 2 课　帮孩子弥补偏科 / 18

第 3 课　巧治孩子学习没劲头 / 28

第 4 课　当孩子在校不受欢迎…… / 43

第 5 课　孩子为何总跟我对着干 / 54

第 6 课　家有"小网迷" / 64

第 7 课　孩子的青春期性教育 / 75

第 8 课　与孩子一起聊聊"爱情" / 88

第 9 课　助力孩子学习成绩见起色 / 99

第 10 课　面对中考，家长比孩子还焦虑咋办 / 110

第 11 课　中考临近，如何面对孩子的"一反常态" / 123

第 12 课　规划中考结束后的生活 / 135

导　读
家有儿女初长成

亲爱的家长朋友：

　　您的孩子如今正式步入初中，即将开始新的生活。不知不觉当中，那个你眼中淘气撒娇、天真无邪的小小孩童渐渐脱离家长的羽翼。在你面前，一个亭亭玉立的少女或一个朝气蓬勃的少男宛如清晨的风景充满着无限的希冀。

　　进入初中之后，孩子的学习、生活、心理都会发生明显的变化。学习科目增多、学习内容难度增大、思维方式转变、独立自主意识增强，与家长之间的矛盾冲突不断……这些都是孩子从幼稚走向成熟，从依赖走向独立的必然经历。

　　在这人生的重要阶段，孩子将不得不面临学习与成长的双重压力。作为家长的我们，不仅要在他需要的时候能扶他一把，还要在他想要自己撞撞南墙的时候学会适时放手……对于初中生的家长来说，读懂孩子的内心世界是一种必备能力。读懂孩子的心理与行为，才能与孩子进行有效的沟通，才能大胆地放手让孩子去体验和尝试生活中的成败与苦乐，并适时给予精神的指导与引领。

家长眼里的初中孩子是这样的——

◎ 儿子现在的情绪时而兴奋时而低落。他有时候发起怒来，大有一副想要翻天覆地的架势。

◎ 以往温顺听话的女儿不知不觉变得倔强、不听话，伶牙俐齿，跟大人顶嘴，有时候为了捍卫她自己的观点不惜跟家长吵架！

◎ 简直没法与孩子沟通！以往孩子放学后会像小鸟一样跟我说这说那。但现在，我刚要讲点儿道理给他听，他马上会摆出一副"你懂什么呀?"的神情，让我产生深深的挫败感。

◎ 孩子最近突然变得沉默寡言。我问一句，他答一句。我再问，他就烦了，回自己房间关上门告诉你不要进来！而且他竟然买了一把小锁，把房间里的抽屉锁了起来……

◎ 每天出门前，孩子最关心的不再是书包、文具、作业这些事儿，而是对着镜子照半天，还转来转去，头发一定要梳出造型才肯出门。

◎ 女儿每天跟我说话很勉强，基本上不愿意搭理我，倒是跟同学和小伙伴们有说不完的话。

◎ 女儿常常把自己关在房间里给同学打电话。我一出现，她立即挂断电话……难道有什么事情瞒着我？

◎ 昨天我吓了一跳——儿子跟他爸爸大吵了一架，要求被尊重，说自己长大了，再也不会任父母摆布自己的生活了！

专家眼里的初中孩子常被解读成这样——

◎ 情感变得丰富而深刻，但其情绪容易波动，不能自觉地控制自己的情绪；由于他们思维的片面性，往往从个别现象看问题，情绪也往往随着现象的变化而变化。他们可能因一件小事而得意忘形，也会因一件小事而非常痛苦；他们对人真诚坦率，非常重视友谊，但往往不愿向家长、老师说心里话。

◎ 自我意识有了进一步发展，成人感增强。对自我的评价常常不够客观、全面，也不稳定。常受个人主观情绪的影响，容易简单地或片面地看待别人某些个别行为，而没有关注到其他方面，也不善于客观、全面地评价他人。非常强烈地需要成年人尊重自己的感受和想法。

◎ 生理发育进入了第二个快速期，身高、体重迅速增长，各项生理机能逐渐成熟，处于青春发育期，身心急剧发展变化，第一性征（指生殖器官）处于发育过程中，第二性征（即男性的声音、胡须、遗精等；女性的声音、乳房、月经初潮等）逐渐出现。一般来说，女孩的性成熟期比男孩早一二年，女孩从十一二岁开始，男孩则从十三四岁开始进入性成熟期。

◎ 性成熟使他们在心理上发生明显的变化。觉察到自己生理上的这些变化，意识到这是自己接近成人的标志，这促使他们性意识的觉醒。他们在批判意识、独立意识和成人意识等方面有了一些强烈的、新的体验……美国心理学家霍林沃斯称这个阶段的孩子处在"心理断乳期"。

◎ 独立性和依赖性的矛盾比较突出。一方面希望别人像对待成年人一样对待自己，凡事自己做主；另一方面遇到问题时又希望成年人能帮助承担。

◎ 思维的片面性和表面性并存。他们对客观事物的认识依然存在着偏执性的特点，对于发生的误解和不愉快，由于认知不全，容易对问题的认知产生偏差，继而引发孤独、郁闷、偏执等心理困扰或问题。

其实，初中孩子需要的家长是这样的……

1. 孩子需要家长营造民主、和谐的家庭氛围，给他提供一个安全感十足的成长环境

家庭教育主要是在亲子的互动中进行的。亲子关系对未成年人的发展有着深刻的影响。要想充分发挥家庭教育的功能，必须建立良好的亲子关系。处于独立意识觉醒的青春期孩子最喜欢的家庭交流氛围是和谐民主。为此，家长除了用心倾听，真诚和孩子沟通之外，还应该注意有意识地借助各种共同爱好等活动形式来拉近亲子关系。如家长可以和孩子在就餐时谈谈小到学校趣事、大到家国天下的话题，在餐桌文化中培养孩子的民主思想、辩证思维、批判意识等。此外，还可以通过亲子旅行、家庭读书、亲子游戏等各种形式，与孩子在共同话题中自由探讨。很多综合素养卓越的孩子，在介绍自己学习的经验时都提到，家长与自己共同阅读的美好时光对自己的发展产生了积极的影响。

2. 孩子需要家长能明确与孩子的人际界限和双方责任，有意识地培养他的自主能力

家长要给予孩子成长的空间，教育孩子学会自己解决问题，如调座位、解决班级人际关系冲突等，鼓励孩子敢于向老师反映自己的要求和想法，不要把矛盾交给家长。最重要的是，为了孩子的长远发展，家长应该有意识地培养孩子自主做事的能力。在日常生活中尤其是在家务分担中培养孩子的自主做事能力，并逐渐辐射到孩子的学习中。为此，家长应明确与孩子的人际界限和双方的责任——孩子自己能做的，家长绝不包办；孩子能在家长指导点拨下完成的，家长不要替代；家长帮一部分，孩子就能完成的，家长提供必要的帮助后让孩子独立来完成。放手，是为了让孩子更好地前行！

3. 孩子需要家长努力培养他的学习兴趣

● 和孩子讨论他的未来，可激发他读书的意愿。

每个孩子都会对自己的未来充满着憧憬。家长不妨让孩子充分表达他们对自己将来的打算，不管是多么不切实际的想法。家长不妨和孩子一起讨论为了实现自己的理想需要具备的知识，让孩子了解，为了自己的将来，目前辛苦读书是必要的，从而激发孩子学习的积极性。

● 对孩子的期望要合理化。

在学校，学生的主要任务是学习，因此我们很难完全忽视孩子的课业成绩。但是，孩子在这样的环境里面临很大的压力，家长需要更多地体谅他们，不要总是将一些不切实际的目标施加在他们身上，更不要有

这样的想法："我自己没有实现的理想，一定要在孩子身上实现，而不管他们愿不愿意或有没有天赋。"太高的目标或不合理的期望都只会给孩子太大的压力。因此，家长不要把孩子的学习成绩看得太重，只要他们尽力了就好，不必总要求孩子考第一名，只要今天比昨天有进步就可以了。

● 要让孩子有成就感，自信心是孩子潜力的"放大镜"。

正如范德比尔特所说的那样："一个充满自信的人，事业总是一帆风顺的，而没有信心的人，可能永远不会踏进事业的门槛。"成长在一个期望高、只有批评没有夸奖的环境里的孩子很难得到自信。相对来说，一个充满积极表扬、正面反馈的环境会激发孩子的自信。

● 家长要及时检查、指导、督促、评价孩子。

家长除了要给孩子创造一个宽松温馨的家庭学习环境外，还要进行适当管理。家长要及时检查了解孩子的学习状况。如发现孩子在学习上没有或不经常预习、复习，家长就要指导、帮助孩子找出原因，并共同商量制订一个可行的改进学习的计划，然后督促实行。如果孩子坚持得好，学习成绩提高了，家长就要进行评价，及时给予鼓励。

4. 孩子需要家长了解青春期孩子的身心变化，并能够处之泰然地跟他们交流"性别"和"性"的话题，以减少身心发育的不确定性给他们带来的紧张和迷惘

青春期的孩子，随着生殖器官逐渐发育成熟，他们开始有了性意识，开始对性的话题变得敏感。如果家长能够对此给予理解和尊重，能够以孩子愿意接受的方式，寻找适当的时机，谈与性相关的话题还是非常有必要的。例如，告诉孩子一些生理发育方面的常识，让孩子提前做好相应的心理准备。利用女孩子月经初潮、男孩子首次遗精或电视媒体上出现的一些与性相关的新闻等，作为对孩子进行性教育的契机，自然地融入性知识、性价值观教育。融入日常生活中的性教育更容易为孩子所接受，而且也避免了孩子因为好奇通过其他渠道获取不健康、不科学的性知识。不健康的性知识有可能对孩子的性意识、性价值观带来误导，同时对生理发育的错误认识也会给孩子的心理带来不必要的压力。

对孩子进行性教育其实并不复杂，青春期教育网站、科普读物都可以提供科学的性知识。除了一般的性知识教育，家长千万不要忽视对孩子身体发育的观察及具体问题的指导。书本介绍的是常识性的知识，而每个孩子在发育过程中存在的个性化问题是书本知识无法给予解答的。例如男孩的包皮长度、睾丸大小是否正常，女孩的乳头是否内陷、经期是否规律等问题。孩子缺少经验，无法做出准确的判断，这会给他们带来心理上的很大困扰。对此，家长需要及时指导孩子观察自己的发育情况，判断哪些属于正常的生理现象，如果遇到无法判断的问题，要及时带孩子到医院检查，以免影响孩子的健康发育。

此外，有些家长觉得对孩子进行性教育很难开口，也有些家长觉得自己在这方面的知识太少无法给予孩子指导。在这样的情况下，家长不妨买一些相关的教育书籍送给孩子，放在显眼的地方，让孩子主动阅读，既避免了尴尬，也可以收到很好的教育效果。

　　家长能够平静、自然地和孩子谈论性的话题，尤其是给予孩子关于性价值观的教育，对于孩子的性别意识、自我认同、对待性的态度都有非常重要的影响，也在某种程度上影响着未来生活中他们的择偶观、爱情观、婚姻观，乃至生活质量和人生幸福指数。

第 1 课
孩子周末太贪玩怎么管

生活进行时

儿子阿明从小贪玩，小学阶段学习还行，我和他爸没怎么管。可上了初中，功课多了，作业也多了，对此儿子毫不在意，周末还是狂玩。比如，周末放学回家，他把书包一扔就不见人影了，常常是和伙伴疯玩周六、周日两天。若没有伙伴玩，他就待在家中玩游戏或看电视，作业总是一拖再拖。本来，儿子周末放松放松也无可厚非，但他玩起来难以自控的状态让我担心，他的作业常常完不成。班主任反映他成绩也不好。我们很担心孩子的这种状态。我也尝

试让他制订个计划，可根本不管用。上周日下午，他爸回到家，又看到他作业没做就在玩电脑，实在气不过，把电源线给拔了，父子俩为此闹得很僵。可若不管，任其发展下去，后果又会非常可怕。我们该怎么办呢？

——无奈的阿明妈妈

心理直播间

孩子周末总想着玩、做事无计划的情况，在我们身边不少见。爱玩本是孩子的天性，同时需要孩子能做到张弛有度、合理安排时间并不是一件容易的事情。下面，就让我们一起来说说孩子的时间管理问题。

孩子时间管理能力欠缺的表现

温馨提示

如果孩子偶尔出现作业没做或周末只顾玩的情况，我们不能轻易地认为是孩子的时间管理能力缺乏。否则，随意给孩子贴不良标签，容易伤害到孩子。

同时，即使孩子的时间管理能力欠缺，也不要给孩子贴上这样的标签，否则孩子更可能会发展成为标签反映的情况。

缺乏时间管理能力的孩子常见的表现有：

● 周末或假期经常忘记写作业。

● 节假日很少有计划，即使有了计划，也很少执行或很少能坚持执行。

● 做事拖拉，特别在学习方面，很少按时或提前完成任务。

● 分不清事情的轻重缓急，不知该先做什么。

● 不了解自己的生物钟，不会把重要的事安排在自己效率高的时间做

● 没有珍惜时间的意识，经常浪费时间。

● 学习和生活缺乏目标或即便有目标也很少为之努力。

在了解了时间管理的不良表现后，我们可以简单地评估一下孩子在时间管理上是不是需要改进，但切忌为孩子贴上不良标签。根据前面阿明妈妈的讲述，我们可以认为阿明的时间管理能力很需要进一步提高。

❀ 哪些因素会影响孩子的时间管理能力

1. 家长未做表率

身教胜过言教，想让孩子管理好时间，家长一定要先做到管理好自己的时间。比如，跟孩子说好周末早起去健身，那么前一天晚上家长就不能睡得太晚，第二天早上一定要按时起床。如果家长做事经常无计划或随意打破计划，孩子受其影响也就难以做到按时完成任务了。

2. 对孩子自制力的培养不够

自制力是按照一定目的，理智地控制自己的感情和行动的能力。如果家长早期对孩子的自制力培养不够，看到孩子不高兴或赌气或哭闹就纵容、迁就孩子，就会养成孩子自由任性、随心所欲的习惯，最终导致孩子自我管理与控制能力较弱。

3. 未引导孩子树立自己的理想或目标

孩子一旦有了自己的理想或目标，他的行为就会变得积极主动。作为家长，或许您忽略了对孩子的理想和目标教育，或者您指导孩子确立的目标只是在实现自己的未了心愿，而不是基于孩子的实际情况，也或者目标过高超出了孩子的能力范围。

4. 很少让孩子自主支配时间

家长对孩子管得过严，过度控制孩子，孩子习惯于被动做事，没有形成自主支配时间的观念和能力，缺乏时间管理方法和经验。

5. 对所做的事没兴趣

孩子做自己喜欢的事会很主动、快速，做不喜欢的事就慢吞吞，甚至拖着不做。比如，有些孩子对某门学科不感兴趣，作业就拖着不愿做。如果家长硬要求，他们就会应付，做起来也是能拖就拖、潦草应付。

温馨提示

别误把孩子的"慢性子"当成"时间观念差"！有些孩子做事不急不躁，做什么事都喜欢慢悠悠，即便是有强烈的外界刺激也是慢条斯理，紧张不起来。这是气质类型所致，没有好与不好之分，不能强行要求孩子改变。

6. 与家长或老师消极对抗

有些孩子学习拖沓、无计划，有可能是与家长或老师在消极对抗。有些家长"望子成龙""望女成凤"，很少给孩子空闲的、可自由支配的时间，孩子完成一项任务后，家长接着又布置另一项任务。久而久之，孩子就学会了用磨蹭来消极对抗。

我们看到，阿明父母因为孩子在小学学习成绩还可以，就忽视了孩子时间管理能力的培养，结果阿明做事不会合理计划。到了初中，父母想让阿明一下子变得做事有计划、高效率是十分困难的，管理时间的习惯需要慢慢培养。

● 时间管理能力不足对孩子的影响

智慧语录

明日歌

明日复明日，明日何其多。
我生待明日，万事成蹉跎。

——钱鹤滩

孩子时间管理能力欠缺，不仅会影响孩子现在的学习和生活，对孩子未来的发展也会产生负面影响：

● 学习或做事没有计划，不能适当分配休闲娱乐和学习的时间，常常在节假日只顾玩耍，完不成作业。

● 做事抗干扰能力弱，比如在家学习时，常出现一会儿玩游戏、一会儿写作业的现象，任务常因干扰而拖延或完不成。如果学习上长久地"欠账"，最终就会造成学业不良。

● 不能很好地认识到事情的轻重缓急，把时间常花在一些不重要的琐事上，重要的事却常常没做。

教子有方法

阿明爸爸看到儿子作业没做完就在玩电脑，采取了强硬的管教方式，换来的是父子间关系僵化的结果。看来，要想提高孩子的时间管理能力，需要一个过程。那么，作为家长，该怎么做呢？

端正教子心态，理解和尊重孩子

"十年树木、百年树人。"教育是慢的艺术，不能急于求成。家长有时候喜欢采取惩罚的方式来矫正孩子的不良行为，或许家长会感受到惩罚带来的即时效果。但有研究表明，这种教育方式是被动的、消极的，很难带来孩子行为的根本变化。家长要学会理解和尊重孩子，注意多和孩子沟通，有针对性地帮助孩子提高其时间管理能力。如果孩子在时间管理方面表现出一点进步，家长就要及时、真诚地予以赞扬，强化其良好行为，帮助孩子树立自信心，慢慢培养孩子管理时间的好习惯。

家长给孩子做表率，营造好的家庭氛围

家长是孩子的第一任老师，家长的身教胜过言教。比如，家长决定

代币奖励法

心理学的行为主义学派特别注重奖励的运用，奖励在行为的强化中起到了重要的作用。所谓强化通俗来讲就是用行为的结果去影响和塑造人的行为。奖励包括精神奖励和物质奖励。代币起着表征的作用，只是一个符号。例如，可以是奖励旅行，增加玩耍的时间，看自己喜欢的书籍等。

什么时间做什么事情后，自己就一定按时去做。若家长有拖拉的习惯，无形中就给孩子起到了不良的示范作用。孩子也会在潜意识里接受这种影响，形成拖拉的习惯。

如果孩子拖拉或者不能按计划完成作业，家长还要考虑是不是因为家庭环境干扰了孩子。比如，当孩子在书房做作业时，家长在客厅里大声说话或者电视声音较大或者搓麻将等，孩子很容易被这样的环境干扰。

❀ 定规矩、勤督促，培养孩子好习惯

孩子贪玩而忘乎所以，自我的因素非常重要，即自我约束力不够。

家长不妨采取协商的方式跟孩子一起定个规矩。比如，先写作业，不写完作业不准看电视，也不准出去玩；答应家长要完成的事情没做完，就不许上网；等等。让孩子在潜意识里时刻告诉自己，规定好的事一定做到。

❀ 指导孩子掌握一些时间管理的方法

1. 引导孩子认识时间的宝贵价值，树立惜时意识

家长可以和孩子一起做时间价值的体验活动。比如让孩子尝试在一分

知识长廊

时间控制操作手册

1.预计时间。让孩子预计一下自己写作业的时间，定好闹钟，和预定时间赛跑，孩子就会有紧迫感；并且提醒孩子写作业的过程中不能间断，比如不看电视、不打电话、不吃东西等。

2. 统计实际作业时间。统计孩子写作业的实际用时有两个好处：帮助孩子建立时间观念，如果先于预计时间写完，孩子就有很大的成就感；如果落后于预计时间，孩子今后预计时间会更准确，写作业也会更高效。

钟内跳绳、背单词、读文章、写字等，让孩子体验自己在一分钟内可以完成的事情，也可以在体验之前让孩子预估自己可以完成的事情，实际体验之后，让孩子进行对照。通过体验，孩子或许会发现平时不太在意的一分钟竟然能做很多事。这样的体验活动，会让孩子重新认识时间的宝贵，从而慢慢懂得珍惜时间。

2. 和孩子一起找找浪费了的时间

经常和孩子一起分析时间的利用情况，看看"时间都去哪儿了"。如平时发呆、被琐事干扰、娱乐过度、做事准备不足等，通过分析，引导孩子认识到时间在不经意间悄然流走。以此为基础，家长再和孩子讨论如何减少这些时间的浪费，充分利用好"边角料"时间。

3. 让孩子学会按照事情的轻重缓急规划自己的时间

列出一天或一周计划要做的事

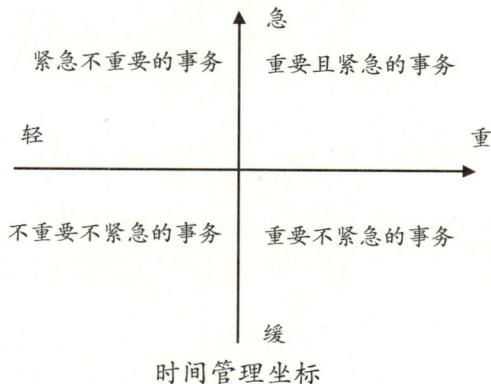

```
            急
紧急不重要的事务 │ 重要且紧急的事务
            │
轻 ─────────┼───────── 重
            │
不重要不紧急的事务 │ 重要不紧急的事务
            │
            缓
```

时间管理坐标

情，引导孩子对其进行分类。按照重要性分，可分为重要的和不重要的；按紧急程度分，可分为紧急的和不紧急的。这样，要做的事情就被分在时间管理坐标的四个象限里了，既重要且紧急的事情要先做；重要但不很紧急的一定留出充足的时间去做；很紧急但不重要的可以找人代替去做；那些既不重要也不紧急的，有闲暇时间再做。经常引导孩子这样有意识地规划自己的时间，孩子就会养成"时间有预算，遇事不慌乱"的好习惯。

4. 让孩子学会时间管理，先从规划周末开始

有些家长觉得自己周末比较忙，不能照顾孩子，通常会安排孩子去上课外辅导班。让孩子适度参加一些感兴趣的辅导班可以培养孩子的特长，但若占用孩子大量休息时间，就会给孩子造成心理负担。所以，家长有必要引导孩子自己规划好周末时间。首先让孩子自己进行规划，如哪些时间可用来完成学业，哪些时间可以拜访亲朋，哪些时间用来休闲娱乐。然后，家长再参与意见，进一步指导孩子时间规划的合理性与可行性。这样，通过规划周末时间，家长可以慢慢锻炼和培养孩子独立支配时间的能力。

亲子共成长

亲子游戏：生命中的大石块

【材料准备】一个2升的广口瓶，一堆拳头大的石块，一桶砾石，一桶沙子，一桶水。（同样的材料准备两份。）

【游戏规则】将石块、砾石、沙子、水填进2升的广口瓶中，家长和

孩子比赛谁填进去的东西最多。

【亲子阅读】

生命中的大石块

一位时间管理专家在为商学院的学生上课时，拿出一个一加仑的广口瓶，放在桌子上。随后，他取出一堆拳头大小的石块，把他们一块块地放到瓶子里，直到石块高出瓶口再也放不下去了。他问学生："瓶子满了吗？"所有的学生应道："满了。"他反问："真的？"说着，他从桌子下面取出一些砾石，倒了一些进去，并拍打瓶壁使砾石填满石块间的间隙。他又问学生："现在瓶子满了吗？"这一次学生有些明白了："可能还没有。"有一位学生回答道。

"很好！"专家说着又从桌子下面拿出一桶沙子，把它慢慢倒进瓶内。沙子填满了石块的所有间隙。他又一次问学生："瓶子满了吗？""没满。"学生们齐声说。然后专家拿出一壶水倒进瓶里直到水面与瓶口齐平。他对学生说："这个例子说明了什么？"一个学生说道："它告诉我们，无论你的时间多么紧凑，如果你真的再加把劲，你还可以干更多的事。"

"不！"专家说，"那还不是它的寓意所在。这个例子告诉我们，如果不先把大块石头放进瓶子里，那么你就再也无法把他们放进去了。那么，什么是你生命中的'大石块'呢，你的信仰、学识、梦想，或是和我一样，传道授业解惑？切记得先去处理这些'大石块'，否则你会终生错过的。"

【问题思考】

1. 家长心中最重要的"生命大石块"是什么？孩子心中的"生命大石块"又是什么？家长对孩子心中的"生命大石块"认同吗？彼此交流一下想法。

2. 家长和孩子彼此分享一下，今后如何做到把"生命中的大石块"始终放在第一位。

第 2 课
帮孩子弥补偏科

生活进行时

彤彤妈妈：女儿彤彤语文和英语成绩都很好，但是数学成绩很差，偏科严重。这次期末考试数学竟然考了66分，要知道总分是120分啊！其实，早在上小学时，我就发现女儿的数学成绩总是没有语文成绩好，特别是小升初时，她的数学就考得很不理想。当时，我也没太在意，认为孩子偶尔考差一次也不要紧，以后再努力就好了。谁知，上初中后，女儿的数学成绩一点起色也没有，有时还会不及格。问她原因，她总是很委屈，说上课有很多内容听不懂，有

儿子，你的这语文和英语比起你的物理数学也差了太多了。

我英语、语文就是学不好，看到那些单词、古诗就头疼。

时听懂了，题又不会做了。我们这才意识到了问题的严重性，可是现在想追赶太难了！辅导班上了不少，可总不见效！而且听孩子说，在学校能找老师问问题的时间太有限，不知有没有办法能够解决？

瑞瑞妈妈：儿子瑞瑞的英语和语文学习偏弱。孩子常会有自己的一些想法，比如对国内英语的过度教育和普及问题，对当今语文教学中普遍存在的对课文的过度解读问题，他都会提出质疑，但这也在潜意识中成了他不去好好学习的理由。渐渐地，他的英语单词听写成绩下降，语文的古诗文默写成绩直线下滑。最初，我们还觉得他有自己的思考，只是具体学习中还没付诸行动，也就没过多干涉。可是现在，孩子的成绩悄然间到了让人难以接受的地步了——连续好几次，他的语文只考85分左右，英语也只能考到80多分，跟数学的115分以上，物理的95分以上，差距很大。孩子最近在家也常念叨："我语文、英语就是学不好，背单词、背古诗那么麻烦。"真让人担心！

心理直播间

听完彤彤父母和瑞瑞父母的讲述，或许我们能感受到他们对孩子偏科影响总体成绩的担心、着急和无助，或许您的孩子也遇到了某科学习偏弱的问题。下面我们一起走进心理直播间，聊聊偏科的问题。

❀ 偏科的表现

"偏科"是指孩子在学习学校文化课程时，某一门或者几门功课成绩特别好或相对较好，同时其他的课程成绩特别差或较差的现象。据调查，偏科现象往往最容易出现在初中。

温馨提示

如果您的孩子只是在短时间内出现某科学习成绩的落后现象(例如，一次考试意外下滑或者是某一个章节的知识学习不扎实)，请不要轻易给孩子贴上"偏科"的标签。

偏科常常有以下表现：

● 对某一学科没兴趣，有厌烦、排斥、恐惧情绪，对该科的学习失去信心。

● 对该科听讲难以专注，比其他科目更易走神，对该科作业拖拉应付。

● 在该科预习和复习时，完成必须任务后，不愿意额外用时间加大学习力度。

● 回避与该科有关的事情，如尽可能少与任课老师接触、不喜欢家长谈论与该科学习有关的内容等。

● 学习成绩持续较差，通过家长帮助、课外补课等方式都难以提高。

从前面两个孩子的描述看，形形参加了辅导班也不能有效提高数学成绩，瑞瑞对语文、英语有明显的厌学情绪，这些现象表明孩子确实存在偏科倾向。

● 偏科是怎样形成的

造成孩子偏科原因是多方面的，主要有：

● 学习兴趣缺乏导致精力投入不足。兴趣是最好的老师，是孩子自主学习的不竭动力，孩子对某一科的兴趣不足，精力自然投入少，造成偏科。

● 学习态度不当累积了知识漏洞。孩子在某一科目的学习态度有问题，例如，认为某一科目临近考试时集中背一背就能得高分，或者认为某一科目学习的意义不大，等等，在听课、作业、复习巩固等诸多方面累积的问题越来越多，知识有漏洞，渐渐如蚁穴溃堤，造成能力漏洞，恶性循环，进而削弱了自信心。

知识长廊

多元智能理论

20世纪80年代，美国心理学家霍华德·加德纳提出了"多元智能理论"，他认为每个人都拥有八种不同的优势智能组合：语言智能、数学逻辑智能、空间智能、身体运动智能、音乐智能、人际交往智能、自我内省智能、自然观察智能。每种智能在个体身上的表现有很大差异。加德纳指出："每个人既有自己相对的优势智能，又有不同于他人的智能结构，八种智能有机组合，构成各具特点的个性。每个孩子都是潜在的天才，只是经常表现为不同的方式。"

● 学习方法不当导致付出没有成果。有些孩子缺少对某一科目学习的正确方法，常常感觉上课听懂了，作业却做不对，考场上失分更是严重。

● 对老师的喜爱程度影响孩子的学习效果。老师的外在形象、课堂风格等，会影响孩子对某科老师的喜爱程度，进而影响到孩子对老师所教科目的喜爱程度。或者日常学校生活中，有的老师严厉但孩子不适应、孩子与老师之间的误会没有及时消除等，都会成为孩子偏科的导火索。

● 孩子的智能结构制约了某一科目的学习。例如，如果孩子的优势智能突出表现在语言智能方面，那么语文科目的学习成绩可能会很好，而在自己不擅长的数学方面则可能成绩较弱。

偏科的存在，大大增加了孩子考试总成绩的不稳定性：从短期看，将给孩子的升学考试带来制约；从长远看，偏科将对孩子的学习信心、综合素质发展带来不良影响。因此，针对孩子的偏科现象，家长要早发现、早预防，采取积极措施去解决。

教子有方法

孩子出现偏科后，家长往往都会采取很多方法来帮助孩子提高成绩。比如要求孩子多看书、多做题，购买一些辅助学习的电子产品，给孩子报补习班等，但这些办法往往不能很好地帮助孩子提高成绩。那么，面对孩子的偏科，家长究竟可以做些什么呢？

● 不给孩子偏科的心理暗示

当家长发现孩子偏科时，如果告诉孩子自己的学习经历中也遇到过跟他同样的困难——"我以前作文也总是写不好""我上学时数学也没学好"——这些话可能给孩子带来的是更多的对偏科的心理认同和暗示：偏科真没办法纠正，或遗传了家长的基因，学不会理所当然。

与孩子一起科学分析偏科原因

父母应该注重分析孩子偏科的成因。当孩子是由于学习习惯、态度等主观原因造成偏科时，应指导孩子养成良好的学习习惯、树立正确的学习态度，帮助孩子逐渐克服偏科的倾向。还有一种情况是孩子学有余力，对某些科目特别感兴趣，投入大量的时间和精力，但并没有影响到其他学科的发展，在这种情况下，父母应该鼓励孩子大胆地发展自己的特长。

善做孩子和任课老师之间的润滑剂

当孩子出现偏科的现象时，家长更需要敏锐地捕捉孩子的言谈举止信息，做好孩子和任课老师之间的沟通工作。当从孩子的言谈举止中感受到了孩子对某科目或某任课老师有抵触情绪等负面信息时，家长一方面要积极引导孩子辩证看待学科困难、优劣得失，及时化解这类负面信息，需注意在引导过程中，家长应坦诚相待，切忌指责唠叨。另一方面应与该任课老师沟通孩子的学习状态，及时寻求积极的解决方法。例如，与任课老师唱好"双簧"，寻找可以激励孩子、给予孩子该科学习动力的契机，即时引导和强化。

引导孩子理性看待偏科，树立克服弱科的信心

家长可以引导孩子做好近期计划和长远规划。例如，结合孩子弱科在中考中所占的分值，让孩子自己估算一下偏科科目对升学总分的影响，帮助孩子认识到要升入理想高中乃至将来进入自己期盼的大学，偏科是

多么巨大的绊脚石，从而树立必须克服的决心。只有孩子真正认识到这点，才能有足够的意志去弥补弱科。一旦孩子下定决心要弥补，家长应趁热打铁，和孩子一起变口头设想为书面计划：近期作业和预习复习如何做，近期、远期成绩目标如何恰当确定，等等。建议均要变成书面的约定，以更好地让孩子为自己负责。

让孩子学会自我激励。在帮助孩子纠正偏科现象过程中，家长很难做到随时随地的支持和鼓励。为此，家长要帮助孩子学会自我激励，这样在没有外人鼓励的情况下，孩子也可以自觉前行。比如可以让孩子每天对自己说"我一定会成功！""我肯定能学好！"等积极正面的语言，通过积极的自我暗示来增强自信，坚持学习。

知识长廊

杜根定律

美国职业橄榄球联合会前主席D·杜根，曾经提出这样一个说法：强者未必是胜利者，而胜利迟早都属于有信心的人。这就是心理学上的"杜根定律"。

解决孩子学习中的偏科问题，根源在信心与决心上。"杜根定律"在引导孩子转变认知、培养孩子意志力、提升自信心方面大有裨益。

✿ 行动的成效取决于对弱科的精准定位、判断

制订计划前，家长可以先与孩子沟通，听听孩子对偏科科目的想法，了解孩子遇到的具体困难；然后再和班主任及偏科科目的任课老师沟通，进一步明确孩子的问题及原因；最后，结合近1~3个月以来孩子偏科科目

的作业、试卷，与老师孩子共同分析偏科根源。弄清孩子偏科的原因，对症下药，才能有效弥补弱科。

● 行动的成效离不开家长的督促

首先，当孩子加大对偏科科目的投入时，对于孩子在偏科科目上的点滴进步，家长应及时关注和肯定、表扬。这样可以让孩子感受到父母的重视，利用期望效应，引导孩子自觉加强对薄弱科目的学习。

其次，家长要引导孩子发现偏科科目的学习乐趣。如对数理化有偏科现象的孩子，家长可以多给孩子讲讲该学科在现实生活中被广泛应用的事例、学科领域成功者的探索精神、应用成果和相关的人文趣事等，或者结合生活中的实际运用，点燃孩子的探究热情；也可从孩子感兴趣的章节入手，选择某些有趣的章节引发孩子的好奇心，以点带面，进而慢慢培养孩子对整个学科的兴趣。再如语文、英语等文科学习较弱的孩子，家长可以采用亲子比赛的方式陪伴孩子背诵英语单词、语文古诗文，给孩子以学习的动力与支持。让孩子对这类科目的学习比学习进度稍微提前一些，让孩子在学校中更多地感受到游刃有余的感觉，以便点燃兴趣。如想要孩子多读书，则宜营造家庭阅读氛围，带动孩子读书。

如果家长实在无法引导，则有必要选择辅导班，但补习时间和次数也不宜过长，以免加重孩子的学习负担。

亲子共成长

我这样帮孩子纠正偏科

—— 一位家长的经验之谈

孩子刚开始接触物理，回家总说物理好难，感觉很迷茫。之前各科全优的儿子竟然多次说自己学不好物理。微信群里，老师批评儿子物理作业的情况也屡屡出现。真没想到，物理怎么就变成了儿子的弱科了。

我们跟孩子一起分析感觉物理难的原因：对物理学科刚刚接触，关于物理现象的了解基本上是空白，因此刚开始会有些迷茫，这样试着从心理上给他消除"物理很难学"这种感觉。作为家长，除了帮助孩子分析失败的原因，还需要帮孩子掌握一些科学的方法。

1. 提前预习。长期坚持预习，在预习中就可以了解到大部分的基础知识，这样在课堂上就能跟上教师的讲课思路，使知识点在课堂上得到理解和掌握。

2. 循环记忆。在日常学习中，要养成循环记忆的好习惯。例如，家长可以和孩子一起制订一个学习计划，每周可以花费半个小时的时间，遵照艾宾浩斯记忆曲线，复习本周学习的重点。这样长期坚持下去，不但能够提高学习效率，还能够帮助孩子树立学习的自信和兴趣。

3. 以强带弱。利用学科之间的相通性，取长补短，在攻克弱科的时候，善于运用优势科目的学习策略。

4. 时间上从短到长。凡是不擅长的学科，大都是不感兴趣的。因此，如果一开始便在弱科上投入大量时间，必然会倍增烦躁与厌倦。正确的方法是首先按照学习目的制定出一份时间表。比如，今天只复习某一科的某一小节，时间不超过半小时，在这半小时里踏踏实实地把这一小节学好了，就改学别的科目。时间一长，对弱科的学习兴趣就会逐渐培养起来了。

5.做题从简单的入手。对于不擅长的科目，不要刚开始就选那些太难的习题做。正确的方法是从简单一些的习题入手，牢牢掌握课本上最基础的知识，在确保对简单的题目已完全掌握后，再适当提高题目难度。

6.用好错题本，杜绝第二次出错。生活中，很多孩子对做过的题第一遍印象最深刻，如果第一遍错了，再做的时候还会犯同样的错误。为避免这种情况的发生，可以要求孩子将疑难错题集中整理在一起，常常翻看、联系、思考。错题本有助于纠正错误的解题思路、强化记忆，防止错误的重复出现。只有孩子自己真心去整理错题本，错题本才有它的价值，才能发挥查漏补缺的效果。

7.强化自主学习能力。对孩子自主学习能力的培养，是孩子弱科学习的终极培养目标。若孩子自主能力欠缺，只被动接受老师的讲解，则主动思考少；若主动性不强，在没有老师要求下，则会感到不知如何下手，学习上被动接受；若主动提问少，和老师、同学交流少，则容易导致思路狭窄；若对作业质量要求低，则容易忽视作业的目的和过程的重要性；等等。

第3课
巧治孩子学习没劲头

生活进行时

冬冬妈妈：冬冬很讨厌学习，觉得学习一点意思都没有。老师反映，上课时，冬冬总觉得很无聊，老走神。冬冬总说，老师每天都布置那么多的作业，这对他来说太痛苦了。他一点都不想写那些无聊的作业，要不是老师和我天天盯着他，他才不做呢！

世杰妈妈：世杰对自己的学习很茫然，也没有什么目标，能完成我们的要求就行了。我们要求他好好学习，可他说自己不知道学习是为了干什么。每次考试也都是为了我们而考。因为他考试成绩好了，我们会奖励他很多他想要的，考不好的时候就会受到批评。

子涵妈妈：子涵上课时好走神，说总会自然不自然地想起我和他爸吵架的情景。打子涵记事起，我和他爸的关系就不太好。子涵升入初中以后，我们夫妻关系更是急转直下。这对子涵也产生了不好的影响，他说他想好好学习，可是思想老是被我和他爸这些事儿所占据。

小优爸爸：小学时小优的学习成绩很优秀，那时学习也有劲头。但是，升入初中以后，孩子尽管很认真、很努力，成绩最好时也只是班上的中等水平。于是，在刚刚入校的那几个月，孩子为自己制订了"魔鬼"计划，除了吃饭、睡觉以外，把大部分的时间都用在了学习上，可是成绩依然没有起色。在一次次的失败后，孩子对自己一点信心都没有了，学习也越来越没劲头。

心理直播间

几位孩子的真实想法反映了一部分孩子的心声，这些孩子学习上没有明确的学习目标，缺乏学习主动性。用家长的话来讲就是孩子学习一点劲头都没有，总感觉是为别人而学。孩子描述的种种情况显示他们都存在缺乏学习动机的问题。

● 孩子为什么缺乏学习动力

简单来说，学习动机就是人们主动想去探索、了解某个事物的动力。

孩子学习缺乏动力的可能原因很多，我们着重谈以下几条供家长们对照参考。

1. 缺乏学习兴趣

案例中的冬冬对学习不感兴趣，所以上课总走神。学习兴趣是促使孩子自觉学习的原动力。在学习过程中，兴趣是学习能力的源泉，是影响孩子学习自觉性、积极性和持久性的直接因素，更是创造性学习的必要条件。孩子在学习活动中兴趣浓厚，注意力就高度集中，其求知欲就越强烈。"知之者不如好之者"，就道出了兴趣与学习的关系。当孩子充满乐趣地学习时，无论环境多么困难艰苦，他都会感到快乐。瑞士儿童心理学家皮亚杰说，兴趣是能量的调节者。兴趣可以调动孩子的心理能量，激发孩子的行动积极性。有些孩子之所以不爱学习，是因为对学习没兴趣，没有从学习中感受到乐趣。

知识长廊

学习兴趣产生的脑机制

人们体内的神经细胞间，存有很多小小的间隙，当人通过其他的行为刺激了"内啡肽"时，它就会从脑中分泌出来，大脑会指示神经系统将它往人们体内各位置传送。随后人们的血管会正常收缩，血液顺畅流动，人们体内的细胞也会随之活性化，因此人们就会有情绪高涨、快乐之感。

当孩子感受到学习乐趣时，脑中便会释放出"内啡肽"，它驱使孩子想重复这个经验。相反，如果孩子对学习没有乐趣，家长采用压迫、惩罚等方法强制孩子学习时，便开动了"痛苦——恐惧——逃避"的机制，孩子便对学习产生了抗拒。

2. 缺乏学习需要

马斯洛认为人的需要是有层次的，我们在满足高层次的需要之前必须先满足低层次的需要。比如，我们只有满足了自己的衣食住行等生理性需要，才有可能去追求爱情、友情等归属和爱的需求。对于孩子的学习来讲也是如此。如果孩子的低层次的需求得不到满足，他们肯定不会把精力放在学习上。文中的子涵就是这种情况。子涵的爸爸妈妈经常吵架，家庭并没有给子涵创造一个安全有爱的环境，孩子的安全的需要得不到满足。在这种环境下生长的孩子，会把大部分的精力放在满足生理的需要、安全的需要等方面，那更高层次的需要就不可能被激发。

3. 缺少学习目标

案例中的世杰觉得学习不是为了自己，而是为父母而学。学习目标不正确、不明确的孩子不知道学习的真正目的是什么，多数是为父母、为老师、为考上好大学而学，对自己未来的发展更没有思路和方向，过一天算一天。对于这些孩子，家长需要帮助其明确目标，进而细化目标，给他看得见的未来，才能重新唤起他的学习动力！

4. 不合理的归因方式

孩子在学习中会不断地通过考试检验自己的学习结果，他们往往会对学习结果寻找一个原因。即为什么学习成功或失败。例如，有的孩子期中考试没考好，情绪很低落，感觉是因为自己能力不足才导致考试成绩差。孩子的这种归因方式会影响到后续的学习行为。

孩子往往会将学习成败的原因归结为以下四种：即能力高低、努力程度、任务难易、运气好坏。这四种因素又可以从稳定性、内在性和可控性来分析。比如能力高低就是一种具有内在的、稳定的、不可控的因素。如果孩子把失败归因为能力低下，孩子就会觉得能力是不受个人控制的，自己无法改变。因此，这种归因方式大大削弱了孩子学习的积极性。如果孩子把考试失败归因于自己的努力程度这种内在的、可控的因素时，孩子觉得努力程度是受自己控制的，他可以通过提高努力程度来提升学习成绩，这种归因可以激发孩子的学习积极性。

5.学习成绩总不理想——习得性无助

案例中的小优进入初中后经过多次的努力，学习成绩仍然不见起色，他在学习中没有体验到成功的快乐，而且在一次次的失败之后，认为自己天生不聪明，学习能力不强，有一种无能为力的感觉，因而丧失了继续努力学习的信心。这类孩子看不到希望，即使经过很多次努力，仍然达不到自己的理想成绩，于是便开始放弃。这就是心理学中所说的"习得性无助"。这样的孩子，家长需要帮助其在学习中不断挖掘自己进步的地方，并与孩子一起找到孩子努力学习但成绩却没有进步的正确归因，让孩子在学习中逐渐能够突破学习的瓶颈，体验学习中的成就感，一步一步地建立自信。

知识长廊

习得性无助——塞里格曼的小狗实验

起初实验者把狗关在笼子里，只要蜂音器一响，就给狗以电击。狗关在笼子里逃避不了电击。多次实验后，蜂音器一响，实验者在给狗电击前，先把笼门打开，此时狗不但不逃，反而不等电击出现就卧倒在地，开始呻吟和颤抖——本来可以主动地逃避却绝望地等待痛苦的来临，这就是"习得性无助"。

教子有方法

作为家长，如何帮孩子鼓起学习的劲头？

● 打开好奇之门，激发求知欲

好奇是人的天性，求知是人的本能。好奇心表明了孩子的求知欲，即孩子想学习的欲望，它是孩子主动学习的开关。当孩子对一件事情产生好奇心的时候，他的心中就好像有了一个空格，他一定会主动思考，并想方设法找到答案来填空。

有好奇心的孩子最典型的表现是"问"。这种穷追不舍的"为什么"，是孩子求知欲的最好的表现。作为家长，您是否满足了孩子对未知世界的好奇心呢？在孩子不停地问"为什么"时，你是不厌其烦地把你所知道的告诉孩子，还是做了多遍回答后而忍无可忍地说："我已经告诉你了！"再或者您对孩子的问题置之不理……这些做法都在一定程度上扼杀了孩子的好奇心。如果孩子丧失了好奇心，丧失了探索未知世界的欲望，这是非常可怕的。所以，我们一定要尽全力激发孩子的好奇心。比如，孩子期中考试没考好，一道数学题没做出来，回家后孩子一股脑地钻研数学题而忘记了常规的作业。这时您没有必要打断孩子，就让孩子在好奇心的驱动下尽情钻研题目吧。当孩子表现出对未知世界的探索时，我们应该给这份宝贵的好奇心和求知欲让路。

智慧语录

"神圣的好奇心"是一株脆弱的嫩苗，它是很容易夭折的。

——爱因斯坦

德西效应

心理学家德西让大学生在实验室里解有趣的智力难题。

第一阶段，所有的被试都无奖励。

第二阶段，将被试分为两组，实验组的被试完成一道难题可得到 1 美元的报酬，而控制组的被试跟第一阶段相同，无报酬。

第三阶段，在休息时间，被试可以在原地自由活动。实验者将在这一阶段是否继续解题作为喜爱这项活动程度的指标。

实验组（奖励组）被试在第二阶段确实十分努力，而在第三阶段继续解题的人数很少，表明兴趣与努力的程度在减弱，而控制组（无奖励组）被试有更多人花更多的休息时间（第三阶段）在继续解题，表明兴趣与努力的程度在增强。

心理学研究表明，人们本来会在内在动机的激励下进行某种活动，但是当他们在有了为此而得到外部强化的经验之后就可能发生变化，变得没有外部奖赏就不再进行那一项活动了。所以，家长尽量少用物质奖励，要保护孩子的兴趣，就要让孩子体会到学习的快乐与收获。

打开兴趣之门，激发孩子的学习热情

当孩子对学习产生浓厚的兴趣，他自然就不会把学习当成苦差事。下面是一些可以增加学习兴趣的方法，家长可以引导孩子进行尝试。

1. 兴趣暗示法

对那些不喜欢的科目，可以采用兴趣暗示法。让孩子在学习之前，首先深呼吸，然后面带笑容，在心里对某门学科说："××，从今天开始，我要喜欢你啦！""××，我会满怀兴趣地学好你！"每次学习之前都在心里暗示自己，坚持三个星期，甚至更长一些时间，这些语言就会逐渐深入潜意识，一旦进入潜意识，会有助于对这门学科真正建立兴趣。

2. 兴趣转移法

爱因斯坦在中学时只对物理感兴趣，不喜欢数学，后来他在向纵深研究物理时发现数学是基础，便又产生了对数学的兴趣。有些孩子爱玩汽车、爱搭积木等，那么他就会不自觉地去发现、了解甚至爱上有关的知识。如：怎样当个好驾驶员，汽车是如何发动的，汽车的构造原理是什么……自己所学的课本知识中哪些和它们有关系呢？这样，对学习的兴趣就会在原有兴趣的基础上便会发展起来。

3. 联系生活法

在解决实际问题的过程中，可以确立稳定的兴趣。创造机会让孩子用学到的知识解决实际问题，一是能巩固知识，二是能带来自我成功的喜悦情绪。这种喜悦情绪正是建立稳定持久的兴趣所必需的。要主动把日常生活与孩子的学习结合起来，如让孩子制订家庭旅行计划，这也许会使他爱上地理课。

4. 积极想象法

想象学习成功后的情景，激发学习兴趣。当人们满腔热情地去做任何一件事前，如果对它的结果产生了美好的预期，就会坚持去做这件事情。比如，让孩子尝试想象考试成绩优秀，能够顺利进入大学，能够实现个人价值，为家庭、为社会做出贡献；也可以想象考试成绩优秀，得到老师、家长的赞扬，得到同学们的羡慕等，从而激发学习兴趣。

✿ 学习目标"量体裁衣"，让学习有"奔头"

学习目标的作用和意义毋庸置疑，但帮着孩子制定目标时要遵循"跳一跳，够得着"的原则，引导孩子树立适合自身的"得体"的学习目标。

1.分解学习目标

帮助孩子把学习目标具体化、细化。家长可以帮助孩子设定阶梯式的学习目标，化难为易，让孩子踩着"台阶"上，而不是让孩子一步登天。如果初始目标过高，孩子努力跳起来也摘不到果子，就容易打击孩子的学习积极性。所以，开始时设立的目标要低一点，以后逐渐提升。

2.完善学习目标

学习目标具体化、细化以后，可以引导孩子对学习目标进行考量，

知识长廊

目标的黄金准则——SMART 准则

S——明确（Specific）：目标的范围是明确的而不是宽泛的

M——可度量（Measurable）：目标必须能通过标准来度量

A——可实现性（Attainable）：目标应当是经过努力可以实现的，而不是无法实现的

R——结果导向（Result-based）：目标应该基于结果而非基于行动或过程

T——时效性（Time-based）：目标应当有时间限制

看看设立的学习目标是恰当。例如，孩子的语文成绩不是太好，因此，他给自己设定了一个目标：经过自己的努力，使语文成绩一定要达到班级前十名。这一目标的设立就不太恰当。因为，孩子没有给自己规定目标实现的时间，缺乏时效性。因此，当孩子制定目标时，我们可以引导孩子用目标的黄金准则——SMART法则对目标进行考量，如果现行目标不符合黄金准则，可以尝试引导孩子进一步修订和完善目标。

他山之石

成功之道

1984年，在东京国际马拉松邀请赛上，名不见经传的日本运动员山田本一出人意料地获得了冠军。当记者采访他成功的秘诀是什么时，山田先生只说了"凭智慧战胜对手"一句话。人们对此就是不理解，马拉松比赛凭的就是体力耐力，个子不占优势的山田本一岂不是故弄玄虚？过了两年，山田本一又参加了在意大利米兰举行的国际马拉松邀请赛，他还是一路领先轻松摘取桂冠。

十年后，山田本一退役当了教练，在其自传中首次披露了其成功的秘诀。原来山田本一每次比赛前自己先驾着车沿着比赛的线路走一圈，并把沿途醒目的标志记下来。比如第一处是银行，第二处是红房子，第三处是一棵大树……一直记录到终点。比赛时，他就以百米冲刺的速度跑完第一段，然后信心百倍地向下一个目标冲去。这样，全程四十几公里被他分成若干个小目标轻松地跑完。以前比赛，他总把目标锁定在彩旗飘扬的终点，只跑到十几公里他就全身疲惫，被后面遥远的路程吓倒。

❀ 由外到内，让学习动机更加长久

真正成功的教育是让孩子变"要我学"为"我要学"，即将外在动机转化为内部动机，充分调动孩子的学习积极性。如果孩子按照内部的动机去学习，他们就是自己学习的主人，就觉得很快乐、很幸福，即使学习很忙很累很辛苦都不觉得，反而觉得乐在其中。

1. 以外部动机为主，激发内部动机

孩子刚开始学习时，他们的内部学习动机可能没有。特别是刚刚接触一门新的学科时，由于对学科的无知，他们很难有太强的内部学习动机，只有通过外部学习动机，比如合理运用外部奖赏、正确的表扬与批评、营造良好的氛围、反馈学习结果信息，这样可以激发孩子的外部学习动机，通过外部学习动机的培养，使他们养成良好的学习习惯，在不断的学习中，就会开始对学习本身产生兴趣，从而产生内部动机。

2. 外部动机与内部动机并重

当孩子对学习感兴趣时，他们仍需要适当的外部动机，比如考重点中学等。这时候外部动机促使他们努力学习各种所需要的知识，在不断的探索中，得到满足。

3. 以内部动机为主，外部动机为辅

当一个孩子的内部学习动机已经成为他学习的主导因素时，理论上来说，已经不需要其他外力作用。他会陶醉于自己的学习活动本身，在自己的不断探索中获得满足。

为了让孩子爱上学习，家长有时会通过各种物质奖励来加强孩子的外部动机，如果给予孩子的物质刺激过于强大，往往会削弱孩子的内部

生活万花筒

孩子在为谁而玩

　　一群孩子在一位老人家门前嬉闹，叫声连天。几天过去，老人难以忍受。

　　于是，他出来给了每个孩子 25 美分，对他们说："你们让这儿变得很热闹，我觉得自己年轻了不少，这点钱表示谢意。"

　　孩子们很高兴，第二天仍然来了，一如既往地嬉闹。老人再出来，给了每个孩子 15 美分。他解释说，自己没有收入，只能少给一些。15 美分也还可以吧，孩子仍然兴高采烈地走了。

　　第三天，老人只给了每个孩子 5 美分。

　　孩子们勃然大怒："一天才 5 美分，知不知道我们多辛苦！"他们向老人发誓，他们再也不会为他玩了！

动机。比如案例中的孩子一开始是因为自己的兴趣而玩耍，但是当老人给予丰厚的外部奖励而又撤掉时，孩子的内部动机完全被摧毁了。所以，家长在给予孩子奖励时要把握一个原则，所有的外部动机的加强都是为内部动机的建立而服务的。比如，家长在奖励孩子时尽量避免以物质驱动孩子，更多的是以激发责任感、荣耀感、集体荣誉、成就感，采用自主选择等奖励方式帮助孩子建立内在的驱动力。比如可以奖励孩子自由安排周末的时间，照顾一天家里的植物，邀请最喜欢的朋友来家里吃饭等方式，通过这种方式让孩子享受因个人努力而获得的权利，培养孩子的责任感等。久而久之，这些外部动机会顺利向内部动机转化。

学会积极归因，唤起努力程度

积极的归因能够激发和维持孩子的学习动机，家长要引导孩子学会这种积极的归因方式。尝试引导孩子在成功时多做稳定归因，即把成功归因于能力或努力等内在原因，这样孩子会感到愉快、自豪并愿意继续争取成功。

例如，孩子期末成绩考得相当不错，家长就可以引导孩子把好成绩归因于学习努力、能力提高等原因。但当孩子失败时，我们如果把失败归因于能力这种内在稳定因素时，则会对孩子的自尊心产生消极的影响，并会削弱孩子对成功的追求欲望。试想，如果您的孩子认为某门功课不好，是因为自己在这方面缺乏相应的才能，即使加倍努力也往往徒劳无功，孩子还会有劲头学习吗？因此，当孩子在学习方面遭受失败时，家长引导孩子归因于试题难度大、试题有些偏、复习不够全面或自己努力程度不够等因素时，这种归因对孩子的自尊心影响不大，孩子也不会随意降低对这门课的期望值或以后的努力程度。

增加成功体验，强化学习信心

孩子在学习中，家长要创造各种机会让孩子体验成功，这种成功的体验能够进一步增强孩子的自信心，从而让孩子学习劲头充足，进一步增强孩子的学习动力。家长可以鼓励孩子进行"自我竞赛"，建议孩子同自己的过去比较，从自身的进步变化中发现自己的能力，体验成功的乐趣。家长还可以有意识地创造更多的机会让孩子体验成功的乐趣。比如孩子语文、数学等学科成绩较差，但孩子擅长美术，家长就可以从发扬孩子的美术特长入手，增强孩子的信心，促进孩子努力攻克语文、数学科目的学习困难。家长还可以从日常生活入手，用心观察，及时发现孩子的闪光点，并不惜言语，及时表达对孩子的赞赏。

亲子共成长

亲子活动体验

亲子活动1：穿越A4纸

【材料】A4纸、剪刀

【目标】将 A4 纸剪成一个圆环，这个圆环可以足够大，将全家人，甚至亲戚朋友都可以围在其中。

【分享】当完成了这个看似不可能完成的任务时，你和孩子有什么感想？一起感受主动探究的乐趣和成功的喜悦吧！

亲子活动2："我的学习目标"九宫格

家长和孩子一起完成"我的学习目标"九宫格。

【填写步骤】

1.以"我的学习目标"为主题，用"关键词+完成日期"的形式填写（可参照下图）。

2.将要进行的主题按顺序填写在每个格子的中间。

【分享】在填写"我的学习目标"九宫格的过程中，你和孩子或许会发现自己的目标越来越清晰，自己的最终目标是由前期一个一个小目标的实现而不断达成的。你和孩子还有哪些感想吗？记得一定要跟孩子一起交流，包括家长自己的真切感受。

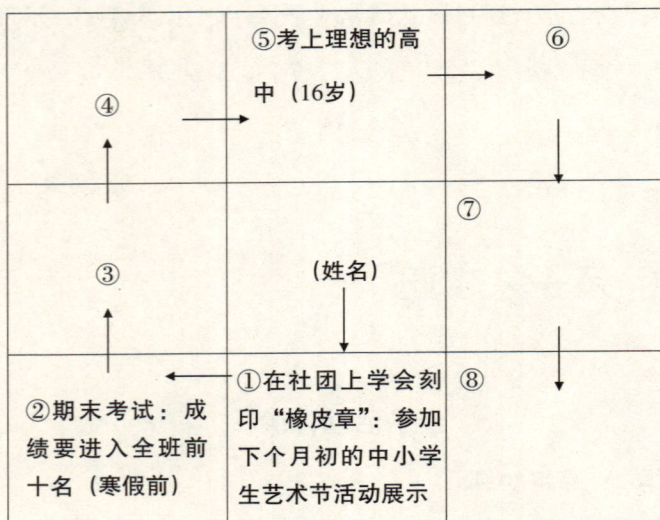

④	⑤考上理想的高中（16岁）	⑥
③	（姓名）	⑦
②期末考试：成绩要进入全班前十名（寒假前）	①在社团上学会刻印"橡皮章"：参加下个月初的中小学生艺术节活动展示	⑧

第4课
当孩子在校不受欢迎……

生活进行时

儿子学习成绩很好，朋友都羡慕我们，经常跑来向我们取经，我和他爸也一直为此沾沾自喜。可是最近发生了一件事情，让我苦恼不已，也让我反思自己是不是在教育孩子的道路上走偏了。

前几天学校开家长会，我早早到了学校，正好看到孩子们在上体育课。操场上，一群学生跑来跑去地踢足球，唯独一个小男孩坐在观众席上。我想这是谁家的孩子啊，仔细一看，竟然是我儿子！看到儿子孤独地坐在观众席上，我当时难受极

儿子呀，你在学校为什么不试着交一些朋友啊？

没有朋友也没有关系。我可以自己看书啊。

了。我突然意识到，儿子似乎很少提起班里的同学。我和他爸也问过儿子平常都干些什么，他说过休息时一般都去图书馆看书或者在教室写作业。当时，我和他爸还一个劲地夸他善于利用时间。可现在想想，儿子是不是有些不合群啊？

家长会结束后，我单独和老师聊了聊。老师说儿子总是喜欢独自一个人，在班里的朋友不是很多，为此老师还主动给儿子提供一些交友的机会，但收效甚微。回家后，我问儿子："为什么总是一个人待着，难道不喜欢交朋友吗？"儿子告诉我："没有人喜欢我，不过没有朋友也没关系。"我说："你可以主动和他们说话啊！"可儿子说："我一开始也试着主动和他们说话，但他们都似乎不太喜欢我，那还不如自己待在一个地方看书呢！"听了儿子的话，我和他爸意识到问题有些严重。

——担忧的浩林妈妈

心理直播间

浩林妈妈的叙述，让我们真切地感受到了这位妈妈的担心和无助，或许您此时也想起了自己或者亲朋好友的孩子不受欢迎的情况。接下来，我们就从以下几个方面来解读孩子的同伴关系。

● 同伴关系很重要

1.同伴关系成为初中孩子的主要人际关系

小学阶段，父母是孩子情感和心理支持的主要来源，孩子与同伴之间更多的是一种玩伴关系，依赖关系不稳定。到了中学阶段，同伴逐渐成为孩子情感和思想交流的主要对象。中学生更愿意跟同伴一起参加各种活动，无论是聚会还是购物，甚至是参加各种培训班。同伴关系对孩子的成长有着重要的作用。

2.同伴交往能促进孩子的社会化发展

同伴交往对孩子的社会化发展有重要的影响。他们在与同伴的交往中，能够学会从别人的角度考虑问题，学会理解他人，学会与人合作，学会关心和帮助他人等。这些都是儿童青少年在社会化发展过程中形成的非常重要的素质。

3.同伴关系的质量影响孩子的心理健康和个性发展

在与同伴的交往中，孩子们可以在认识上互相沟通，情感上互相交流，行为上互相作用，性格上互相影响。如果孩子长期处于不受欢迎的地位，就有可能变得言语谨慎、情绪压抑、性格内向，从而影响孩子的心理健康。如果孩子在班集体中是一个受欢迎的人，那么就会心情舒畅，情绪稳定，自信心强。受同伴喜欢、有亲密的朋友则会促进孩子的心理健康和个性良好发展。

4.同伴关系是孩子情感支持的重要源泉

在同伴交往中，孩子们能从亲密的友谊中获得安全感和归属感。例如，在不熟悉或有威胁的环境中，或者由于家长不在身边而无法得到抚慰时，同伴提供了一定的感情支持。此外，孩子们在成长过程中会遇到很多困惑、烦恼和挫折，由此带来的紧张和焦虑情绪也可以从同伴交往中获得宣泄、安慰、理解和同情。

❋ 同伴地位有不同

在同伴关系中，根据孩子受欢迎程度的不同，可以分为五类：受欢迎的孩子、一般的孩子、有争议的孩子、被忽视的孩子和被拒绝的孩子。

受欢迎的孩子，是指那些在同伴中很受欢迎、有很多朋友的孩子。他们在交往中积极主动，经常表现出友好、积极的交往品质，因而受到大多数同学的喜爱。一般来讲，在中学阶段受欢迎的孩子，成年后的人际关系也能处理得比较好。

一般的孩子，这些孩子在同伴群体中处于中间的位置，既不是特别主动、友好，也不是特别被动、惹人讨厌。这样的孩子虽然不像受欢迎的孩子那样被很多人喜欢，但他们也比较容易交往到亲密朋友。

有争议的孩子，是指那些被某些同伴喜爱，同时又被另一些同伴拒绝的孩子。这些孩子一方面能力较强，能带动其他孩子进行游戏，在某个团体中有一定的权威地位；另一方面，行为有时会具有攻击性和破坏性，从而引起一些同伴的反感，遭到排斥。

被忽视的孩子，是指那些既不很受欢迎又不会被排斥的孩子。这些孩子不太喜欢与他人交往，平时很安静，经常独处或独自活动，在交往中表现出退缩，很少表现出主动、友好的行为，也很少表现出不友好、攻击性行为。因而既没有多少同伴喜欢他们，也没有什么同伴会很讨厌他们。因在平时生活与交往中表现出的问题不明显，不易引起老师和同学的关注，往往成为被忽视的群体。

被拒绝的孩子，是指那些很少被同伴喜欢和接受的孩子，是与受欢迎的孩子相反的类型。他们会受到同伴中大部分人的排斥和讨厌，他们的朋友很少，并且难以跟朋友维持较为亲密的关系。

● 为什么我的孩子不那么 "受欢迎"

同伴交往并不是简单的你来我往，在人际互动的过程中，我们会发现有些孩子经常处于不太受欢迎的地位。哪些因素容易导致这一结果呢?

1. 孩子的气质特点和性格特点

在孩子与同龄人的交往中，有些孩子对同伴很感兴趣，对社会交往存在较大的热情，而另一些孩子则显得不爱交往，甚至退避三舍。这种不同的特点受到气质类型的影响，也就是说有些孩子天生就比另外一些孩子更外向、更爱交际。另外，孩子后天形成的性格特点也影响其受欢迎的程度。例如，有的孩子因家长长期的溺爱而形成了强烈的自我中心意识，在交往中不懂得体察他人的情绪和感受；再比如孩子个性过强，但又不懂得去迁就别人；或者孩子情绪变化无常、攻击性强，特别是与他人发生冲突时，习惯于用攻击的方式解决问题等，这些性格特点都会使孩子不容易得到同伴的接受和认可。

生活万花筒

倾听孩子的声音

中国少年儿童新闻出版总社和联合国儿童基金会共同开展的 "倾听儿童心声——被忽视和排斥的伙伴" 调查结果显示，"自以为是，喜欢指手画脚，爱发号施令的人"，"骄傲，优越感强，觉得自己高人一等的人" 和 "攻击性强，喜欢欺负同学的人" 这三条居于 "被忽视和排斥的伙伴" 榜首。

2. 家长的教养方式

与家长的相处模式是孩子习得人际交往方法的重要渠道。如果家长采用民主型的教养方式，注重跟孩子沟通，孩子在与家长的相处中可以学会感受他人的情绪和情感，学会与人合作，学会与他人进行有效的沟通，这些正是同伴交往中所需要的。相反，高度专制或非参与型的家长主要靠权利作为控制手段，孩子在与家长的相处中，形成了乖戾、不合作、自我为中心、攻击性强等特点，而这些都是不被同伴所接纳和喜欢的特点。

3. 社会认知与问题解决技能

社会认知是人们对他人的心理状态、行为动机和意向进行推测和判断的心理活动，人们在此基础上做出对他人的行为反应，例如友好、攻击、合作等。举个例子，孩子们在操场上玩，有打篮球的、有踢足球的，还有一起组装模型的。突然一个球飞来，打中了刚刚组装起来的模型。正在组装模型的孩子可能主要会有三种不同的问题解决方式：

温馨提示

在日常交往中，人们会遇到很多原因不明的情境。

当您在日常生活中遇到模糊的冲突情境时，您会如何推测和判断别人的心理状态和行为动机，又会做出怎样的行为反应呢？

孩子的社会认知和问题解决策略在很大程度上是在模仿家长的社会认知和问题解决策略。

第一种：起身向周围观望，看球是从哪里飞来的，将球递给前来寻球的孩子，并有些抱怨他们说："你们打球得小心一些，我们正在组装模型，你们把我们刚刚辛苦组装的模型给弄坏了。"

第二种：起身向周围观望，看球是从哪里飞来的，然后将球砸向前来寻球的孩子，并气愤地跟他们说："你们怎么踢的球啊？真烦人，把我们刚刚辛苦组装的模型给弄坏了。"

第三种：起身向周围怒视，一言不发，然后愤愤地将球扔了出去，继续重新组装模型。

上述三种不同的行为反应中第一种属于积极的问题解决策略，第二种和第三种属于消极的问题解决策略。其中第二种是直接跟对方对峙，其结果可能是跟对方争吵、不欢而散。第三种是有意回避矛盾和冲突，其结果可能是内心长期积压敌对的情绪，对人不信任，独处而不愿意跟人相处。这两种问题解决策略都不利于有效解决人际冲突，会妨碍孩子在同伴中的受欢迎程度。

教子有方法

如果孩子在学校属于不太受同伴欢迎的类型，家长们自然看在眼里，急在心上。帮孩子摆脱这种状态，家长能做些什么？

● 在情感上做孩子强有力的后盾

对不受欢迎的孩子来说，最需要的就是家长情感上的支持。他们在学校不能融入班集体，遇到问题得不到同龄人的支持，而且在与同伴交往中同龄人对他们的不接纳、不喜欢的态度会让他们产生自卑、退缩等心理和行为。因此，家长此时此刻的情绪情感反应非常重要。这需要家长放平心态，站在孩子的角度，理解和接纳孩子的感受，而不是指责和批评。家长的信任、理解和支持是他们克服困难强有力的后盾。

扩大孩子的生活空间，创造条件让孩子与他人相处

孩子交朋友似乎是自然而然的事情，但是需要在和同伴的交往中获得积极体验，逐渐积累应对各种交往情境的经验。家长要有意识地扩大孩子的生活空间，并有意识地为孩子创造与同龄人交往的机会。

家长可以通过以下方法为孩子创造交朋友的机会：周末邀请亲朋好友，一起带上孩子外出游玩或共同参加某些活动；尽量让孩子和住得比较近的同学一起上学放学；家长积极参与班级家委会组织的活动；邀请同事、邻居家的孩子来家里玩，家长可以适时给予孩子一些社交指导；支持孩子与同学、好友一起参与各种课外活动、社会实践等。

知识长廊

曝光效应

曝光效应是指人们会偏好自己熟悉的事物，这些事物只要经常出现就能增加人们对它的喜欢程度。适当地运用曝光效应，可以改善人际关系，增加人际吸引力，让自己更受欢迎。社会心理学把曝光效应又叫作熟悉定律。研究发现，我们见到某个人的次数越多，就越觉得此人招人喜爱、令人愉快。曝光效应发挥作用的前提是给人的第一印象还不差，否则见面越多就越令人讨厌，反而起了副作用。

指导孩子学习社会交往技能

不受欢迎的孩子有时是因缺乏社会交往技能而难以与同伴维持友谊，所以家长需要帮助孩子掌握一定的交友技巧，提高孩子的社交技能，从而让孩子成为一个受欢迎的人。家长可以和孩子试试以下几个方法。

1. 帮个小忙，让人感受到你的善意

引导孩子学会细心观察周围的人和事，发现别人的需求，提供力所能及的帮助，让人感受到你的善意，提高自己的受欢迎程度。

● 要注意细节。教会孩子做个生活的有心人，留心别人忽视的细节，然后有针对性地伸出援手，能让人感受到被关心，从而给别人留下很好的印象，获得同伴的喜爱和支持。

● 要注意需求。帮小忙不一定是雪中送炭，但要尽可能地满足他人的需求。

● 要注意适度。帮小忙不能有求必应，做不到的、没把握的或者不想做的可以试着拒绝。

2. 学会赞美，赢得别人的喜欢

每个人都渴望被肯定，每个人都希望自己的优点被发现。在日常生活中，家长可以引导孩子用欣赏的眼光看待别人，并及时送上自己的赞美，这样会让孩子赢得一个好人缘。

赞美需要技巧和方法：

● 赞美要真诚。赞美贵在真诚，基于事实，不夸大其词，这样的赞美可以让对方感受到真诚。切忌夸大其词。

● 赞美要具体。赞美要注意细节，越具体越好。

温馨提示：人际交往中，技巧是第二位的，个人修养才是第一位的。一个自尊、自爱、自信、豁达、友善，懂得尊重、理解、包容、帮助他人的人，自然会成为受欢迎的人。

● 赞美可以在背后。背后赞美他人往往比当面赞美效果更好。

3. 对孩子进行"吸引注意三步法"训练

第一步：认真而友好地倾听——用接纳、学习的态度来听，不随意

温馨提示

家长在有意识培养孩子某方面能力或特长的同时，需要不断反思，家长是在满足孩子的实际发展需要，还是通过孩子来实现自己的心愿，满足自己的需要？

打断别人，可以用一些肢体语言进行友好回应。

第二步：提问——对别人发表的言论提出问题和表达自己的看法。

第三步：针对同伴的兴趣谈谈自己的想法——谈论的内容和想法是同伴所感兴趣的。

4.提高孩子在某一方面的能力，让孩子在活动和分享中收获友谊

个人独特的能力表现能够帮助孩子获得同伴的肯定和接纳。在校园里，那些在学习、体育、音乐和其他社会活动等方面有独特能力表现的孩子往往会被大家所关注，且容易受到大家的欢迎。家长可以多观察和了解孩子，发现孩子喜欢做的事情和擅长做的事情，在保护孩子兴趣爱好的同时，充分给孩子提供机会让孩子把自己擅长做的事情做得更好，如画画、唱歌、跳舞、武术、球类等。当家长专注于孩子能力的开发时，孩子的自信心会逐渐树立起来。而且孩子具有某些独特的能力或技艺，更容易得到同龄孩子的认可，同时也会给孩子创造很多结交新朋友的机会。

亲子共成长

亲子游戏：我的人际财富圈

【活动目的】引导孩子整理自己的人际关系圈，反思自己的"人际财富"和存在的问题。

【活动规则】

1.在白纸的中央画一个黑色的圆点，代表自己。

2.以圆点为中心，在圆点周围画三个半径不同的同心圆，代表三种人际财富或者人际圈。

3.最大的同心圆内是自己的"店面朋友"。通常二十句固定的话就够用，比如："吃饭没？""去哪里？""还好！"等等。

4.中间的同心圆内是自己的"客厅朋友"，他们是可以坐在一起吃喝玩乐，嘻嘻哈哈打发时间的朋友，也是可以帮自己绕过内心孤独的朋友。

5.最小的同心圆内是自己的"心灵密室朋友"，他们是能走进自己内心深处的朋友，是自己喜欢和他们分享一切喜怒哀乐的朋友。

6.请用不同颜色的笔填充人际财富的三类朋友。

【活动提升】家长和孩子一起绘制人际财富圈，绘制完之后进行分享，引导孩子认识到朋友在人际财富圈的不同层次之间是可以流动的，要好好珍惜，才能让更多的人进来。其次，"心灵密室朋友"都是从"店面朋友"开始的。当然，家长也可以借此机会来认识和体会自己的朋友圈，以及自己的人际交往状况对孩子人际交往产生着什么样的影响。

第5课
孩子为何总跟我对着干

生活进行时

真不知道我们儿子这是怎么了！现在就像变了个人一样，简直要造反了！动不动就顶嘴、处处跟我们对着干！明明昨天晚上已经商量好我们叫他起床，可是到了早上，拖拖拉拉，赖了一分钟又一分钟，到最后，一看时间来不及了，做好的早饭敷衍吃两口就急匆匆跑了。晚上回家，该学习的时候不学习，该吃饭的时候不正儿八经吃饭，不是看手机微信，就是急着登QQ回留言，我们说他几句，还和我们急。前两

天，不知怎么的，突然闹着要染黄头发，我们苦口婆心、好话说尽，结果呢，第二天竟然拿压岁钱把头发染成了金色，真是气死我了。他以前可不是这个样子，唉！我们该拿他怎么办？

——困惑的小雨父母

心理直播间

　　听完小雨父母的讲述，您是否也想起了自己和孩子之间的"小摩擦"或者"大冲突"？想起了孩子经常与自己对着干的情景？这一年龄段的孩子常有各种形式的逆反，如喜欢顶嘴、言语交锋、冷战，甚至扬言"我要离家出走"，而父母也渐渐有种不被亲近的失落感。那么，我们该怎样对待孩子的这一状态呢？

● "好孩子"的标准

　　每个家庭都希望自己的孩子是"好孩子"，那么，什么样的孩子符合"好孩子"的标准呢？有调查显示，46%的中国父母认为听话的孩子是"好孩子"，20%多的父母认为不听话的孩子是"坏孩子"。据国内家庭教育机构和心理咨询机构提供的信息，家长询问的最多的一个问题是"孩子不听话怎么办"。

　　"听话"究竟是什么含义，为什么如此受家长们的欢迎？这还需归根于传统观念的影响。在我国的家庭教育中，家庭首先是建立伦理关系的地方。最早的一部解释词义的著作《尔雅》为"孝"下的定义是"善事父母为孝"。所以中国人沿承下来的观念中，顺从父母心意就是"孝"，若违背了父母意愿，则是不孝，即人们常说的"叛逆"。比如在生活中，当我们发现处于初中阶段的孩子违背父母、师长的意愿，将头发、指甲染成了各种颜色、做出各种造型，或者悄悄穿上了奇装异服等，我们都会认定孩子"叛逆"了。那么，究竟什么是"叛逆"，"叛逆"又从何而来呢？

正确看待"叛逆"

1. "叛逆"的表现

"叛逆"是一种强烈的自我表现欲，在思维形式上属于"求异思维"，

生活万花筒

东西方家庭教育一瞥

在我国，具有浓厚传统文化内涵的家庭教育非常重视道德教育，即教孩子如何做人，教育内容以处理人与人的关系为核心。这种教育观念下长大的孩子遇事常常会考虑人与人之间的关系。人们在介绍某个人的时候，往往这样说，他是某某的儿子，她是某某的妈妈，这样介绍更多地是在传递一种信息：这个人是关系中的个体。在西方国家，父母和孩子则是相对独立的个体，人们在介绍某个人的时候，更多的是关于这个人的性格、爱好、擅长做的事情等，更多地把这个人看作是一个独立的个体。

这两种文化背景下培养的人各有所长，我国传统文化背景下培养的孩子更重视亲情，能够更好地进行共情，西方文化背景下培养的孩子具有更强的独立性。

希望通过自己的"标新立异"甚至是"唱反调"，来引起别人注意，试图改变别人对自己原本看法的心理。青少年常见的具体情形列举如下：

- 认为绝大多数规章制度是不合理的，应该废除；

- 如果父母再三叮嘱同一件事就会感到厌烦；

- 佩服与老师对着干的同学；

- 认为父母、老师的话很多都有漏洞；

- 喜欢与众不同，爱做令人大吃一惊的事情，喜欢引起其他同学（包括异性同学）的注意；

- 对别人的批评常常感到反感和愤怒；

- 认为父母和老师不应该为一些事小题大做，大惊小怪；

- 认为冒险是一种极大的快乐；

- 一旦决定做某件事，不管别人怎样阻止也不会改变主意；

- 会对课堂上出现的一些老师没有意料到的情况而感到开心；

- 越是禁止的东西，越要想办法得到。

2. "叛逆"——长大的标志

进入青春期以后，这个年龄阶段的孩子表现出了很强的逆反心理，我们不必把它视为洪水猛兽，其实，这是刚刚进入青春期的孩子萌发独立意识的一种表现。随着身体的发育成熟，青春期的孩子开始有了强烈的成人感和独立意识。他们希望自己能像成年人一样受到尊重，自尊感明显增强，做事喜欢自作主张，不希望成年人干涉，渴望独立，为了表现自己的"非凡"，就对任何事物都倾向于批判的态度。随着活动领域逐渐扩大，交往的范围不断拓宽，他们更愿意跟朋友在一起。对父母之言不再"唯命是从"，往往感到父母管得太严、太啰唆，从而用各种手段、方法来确立"自我"与父母的平等地位。

3. 辩证看待孩子的 "叛逆"

对于孩子种种不听话的言行，父母应该在自己冷静下来、心平气和的时候重新审视孩子"叛逆"的问题。一方面家长从孩子身上找找自己的"影子"，回忆自己当年处于他们这个年龄的时候与父母的那些"叛逆"之事，或许就能平和看待自己孩子的表现。另一方面要认识到"叛逆"只是孩子行为的表象，其背后可能是他们在尝试做事的多种可能方案，并非是"让他往东，他偏往西"，这时候父母应该考虑的是，是否给到了孩子足够空间用以拓展不同的思考方向。其实，很多时候孩子就是想证明自己的能力，希望得到认可；"不听话"的孩子可能是在向父母争取自由、独立的空间。青春期是孩子人生观、价值观形成并逐渐成熟的关键时期，其个性和创造性都恣意升腾、伺机张扬。这种"求异思维"是一种宝贵的思维，智慧的父母需要充分利用这种机会，让孩子在求知路途上，在迈向世界过程中，能以新的思路去自信展示，这对于孩子的发展将会产生非常重要的引领作用。

智慧语录

只要世界还存在，就会有错误，如果没有人反叛，这些错误将永远存在下去。

——威廉·达罗

教子有方法

开头案例中小雨父母反映的事情具有一定的代表性，在很多初中生生活中或多或少都会出现。那么家长应该怎样做，才能陪伴孩子更好地度过青春期？

❀ 了解孩子，走进孩子的心里

开放自我，运用同理心，站在孩子的角度理解孩子。当家长看到孩子玩乐时，通常会认为玩乐影响功课而强行制止，甚至大声呵斥。其实，家长可以试着了解他们玩乐的内容，仔细分析这些内容对学习的影响。例如，家长可以与孩子一起讨论偶像，进而还可以一起了解偶像的成长经历、职业生涯，在这个过程中深入了解偶像的奋斗经历，让孩子认识到偶像的成功背后有着辛苦的付出和方法的探索与运用。深入挖掘偶像背后的鲜活故事，往往会让孩子产生强烈的内心触动，进而反思自我，认识到人生的价值和当下需要做的事情。家长在平等参与孩子生活的过程中，能够逐渐走进孩子的内心世界，进而对孩子进行合理引导等，体会到疏而不堵的效果。

❀ 改进沟通观念，调整沟通方式

小学中低年级的时候，一般家长提出了要求，孩子基本照办；从小学高年级开始，尤其是到了初中阶段，这种单向沟通方式就会遇到巨大的障碍。家长要正视孩子心理的变化，及时调整"我说什么你就要干什么"的单一沟通方式，尝试运用"你说，我听一听；我表态，你发表意见"的相互讨论的双向沟通方式。初中阶段家长要发挥孩子的行为主动性，鼓励孩子积极参与家庭事务的讨论，为家庭决策献言献策，让孩子体会自己的价值感。

温馨提示

您还记得吗？孩子三岁时，他们的一颦一笑、每一个小小的进步都能得到父母的大大的拥抱、温暖的赞赏。而现在，孩子渐渐长大，父母也水涨船高拔高了要求，期望孩子更优秀。

所以，父母的耐心少了，等待少了，理解少了，也许是因为人到中年的工作压力大了，也许是因为上有老下有小的中年危机让父母们措手不及。家长们，试着找回孩子幼时我们做父母的那份耐心！

● 与青春期孩子相处的"招数"

1.迂回战术，勿正面冲突

面对孩子的种种"叛逆"行为，家长不要一下子就拒绝，而应该保持冷静，克制情绪。因为强硬地干涉、坚决地反对除了激化双方的矛盾，还会激发起孩子更强烈的"叛逆"心："你不让我这样，我偏要试一试，非要做给你看不可！"而如果家长"不接招"，孩子首先的反应将变成疑惑，这就是解决问题的第一步。

2.用好期望效应，让孩子有成就感

用孩子创造的价值激励孩子。在这个特定的年龄阶段，他们会显得特别欣赏那些有能力的人，家长可以因势利导。在生活中，家长可以创造机会让孩子感受自己的能力。比如，让孩子亲自策划一次家庭集体出游活动，然后对孩子的能力及时予以肯定；让孩子自主安排自己的时间，然后跟进激励措施。

3.尊重孩子，发现孩子的优点

在与孩子接触时，家长应尽可能多地寻找孩子的优点，并给予鼓励，

以减少孩子对家长的抗拒心理。家长要相信孩子有独立处理事情的能力，尽可能支持他们，在其遇到困难、失败时，应鼓励安慰并多倾听孩子的困惑，适时给予引导；当孩子成功了要及时表扬，肯定孩子成功做事情所付出的努力和采取的有效方法。家长要尊重孩子的隐私权，允许孩子有自己的小秘密，如果孩子实在不愿同家长交流，也不必过于强迫，尤其是不要偷窥孩子隐私，尊重孩子的同时也为自己赢得尊重。家长可以以更轻松的话题先拉近距离，赢得孩子信任后再沟通。

4.避免"邻家小明"效应

孩子一旦达不到家长的目标，不能令自己满意时，家长往往会用比较的方法刺激孩子，如"看看邻居家的那个谁谁，人家就怎么行，再看看你……"在不少的家长眼里，"邻家小明"总是最优秀、最理想的孩子。其实，孩子如果也来一句"那你让小明来给你当儿子好啦"或者"你看看人家小明的父母是怎么做的"，你该怎么应对呢？来一句"小兔崽子，你还敢顶嘴"或者抬手就打，那家长可就失态啦！这里恰恰要提醒各位家长，只有自己的儿子（女儿）才是自己的孩子，邻家的永远不是自己的孩子。再者，家长看到的也总是"邻家小明"的某一方面的优点，拿着它对比自家孩子的弱点实属不该；而在孩子的眼里，他看到的可能多是"邻家小明"的缺点，因此，家长以"小明"为例树立榜样的时候，孩子自然非常不服气。因此，不要拿孩子的短处同别人家孩子的优点比较。

5.忌频繁谈成绩

家长同孩子交流，不要总是以学习入题，更不要凡事最后都归结到孩子的学习成绩上去，这样只会让孩子心里有压力，甚至怀疑家长交流

您知道吗？常有孩子说："我的父母特别厉害，不论从什么话题谈起，他们总能回到学习上来！"这其中既有孩子的无奈，也反映了孩子已经对父母建立起的心理防御。

的动机。交流时，家长可以从班级趣事、家事、新闻报道中的社会热点入手，多和孩子沟通。家长对于孩子的学习也要树立正确的观念，让孩子多关注社会、关注生活，产生自己的观点和看法，与父母交流，这本身就是在锻炼孩子的思维能力，这种思维能力能够迁移到学习和生活的方方面面。

亲子共成长

下面是走过青春期的儿子写给爸爸的一封信，听听孩子的心声，想想作为父母，在与孩子沟通方面您有哪些感受或者可以借鉴的地方。

致老爸的一封信

亲爱的老爸：

又快两个月没见面了，您还好吗？我知道您有腰椎间盘突出，虽然已经做了手术，但是一到阴天或者活动太剧烈时，您的腰还是会痛。这段时间您的腰还疼吗？

老爸啊，我真后悔，那段时间，我总是处处和您对着干，您说东，我就偏往西。其实，我也知道您是为了我好，可那时冲动的我，就是想和您拧着干。记得那时，我甚至和您僵持冷战过一个星期。现在想来，我那时真是太不聪明了，也太不孝顺了。

　　您经常和我谈人生。您总是说我们都是男人，男人之间的话可以无忧无虑地说。可是我却想听听您对我的看法，对我的期待。您没说，您总是说要我好好学习天天向上，我却总是不顾您的看法，还是一味地我行我素，直到我给您写这封信。

　　老爸啊，您是家中的顶梁柱，您说要和这个儿子一起撑起这个家。您是我的榜样，您教会了我如何体贴人，教会了我作为一个男人的原则，教会了我有责任心，教会了我怎么慢慢地变得沉稳。您总是期待我可以好好学习，为自己闯出一片天地，可以让我更好地在社会中立足。

　　老爸啊，我最担心的就是您的身体，您的腰。您因工作导致了腰椎间盘突出。手术后我来到您的病床前，只见您吃力地转了转身，挪了挪您的腰，透露出您那痛苦与无奈的表情。我的心也像那生了锈的齿轮，仿佛在吱吱地响，我的心真的是被触动到了。您回头望了望我，接着努力挺了挺腰，显得您很好，可是您的表情出卖了您。脸上写满未来得及隐藏的痛苦。那一刻我想说什么，我想做什么，我都不知道。

　　老爸啊，您为了这个家付出了太多太多，您为工作也付出了太多太多。作为男人的我，我永远支持您，我相信我会成为一个真正的男子汉，做您和母亲的好儿子。

　　此致
敬礼！

您的儿子

第6课
家有"小网迷"

生活进行时

曦曦妈妈：女儿现在一回家就捧起手机上网。她只要有点时间就不停地刷微博，晒朋友圈，和同学聊天，用手机看小说，连吃饭、上厕所的时间也在上网，简直是"手机不离手"！我有时发现她晚上睡觉前还躲在被窝里玩手机到很晚。老师近期反映说，女儿上课注意力不集中，经常打瞌睡，作业时常完不成，几次测验成绩下滑明显，希望我和女儿聊聊，找出原因……

我问女儿为什么最近会出现这样的状况，是不是因为玩手机，她还
犟嘴说不是！我一生气，把她的手机没收了，她又哭又闹，还吵嚷着说，
爸爸也喜欢玩手机，为什么大人能玩，孩子不能玩？孩子一说，我竟然
一时不知该怎么回答。是啊，孩子的爸爸也喜欢玩手机，喜欢用手机和
电脑看球赛、上贴吧，有时我和他说话，他像全然没听到，顶多"嗯"
"啊"地搪塞一下后，仍然低着头看手机、玩平板电脑，特别气人。我说
过他几次，他也不改。后来，我干脆对孩子说："爸爸是大人了，而你
是个学生，学生就得学习，玩手机干扰学习了，就得没收！"最近为了上
网和学习的事情，她都快和我势不两立了！真不知该咋办！

心理直播间

从曦曦妈妈的诉说中，我们可以看出，曦曦和爸爸都是互联网的忠
实"粉丝"。您的家庭里面有这样的"低头族"吗？您是不是也有像曦曦
妈妈类似的困扰？毋庸置疑，我们今天生活在"互联网+"的时代，网络
正以开放、共享的态势将我们大家紧密连接在一起。互联网给我们的生
活提供了极大便利，改变着我们的思维和行为方式，并逐渐成为我们的
生活方式。网络为什么如此吸引着年轻人？了解其中的原因后，或许我
们可以更好地掌握与网迷与孩子的沟通之道。

● 虚拟的网络自由的我

"你可能无法想象在网络的另一端与您交流的可能是一只猫。"网络
世界是一个虚拟的空间，人与人之间的交往是匿名的，以符号形式进行

的，这种匿名性可让人以任何身份、带上任何面具与别人进行交往，视觉线索的缺失可以让人从容自如。

因为匿名性，人们可以较少地受现实生活的约束，可以相对自由地释放自己。网络的这种去抑制性的特点可让青少年享受到现实生活中享受不到的自由，而且在虚拟的世界中很少需要为自己的自由行为承担后果。青少年时期，由于自主意识、独立性的增强，孩子不愿受师长的约束与外界规则的限制，而网络世界的特点恰恰满足了孩子的这一心理。

● 网络玩伴带来的满足感

玩网络游戏是很多青少年上网的主要目的。网络游戏为青少年提供了角色扮演的舞台，青少年可以在其中构建一个虚拟的自我，选择一个自己理想的人物身份，满足自己对完美主义的追求。加上网络游戏设计环环相扣，关卡很多，容易激发青少年的好奇心。他们也容易从不断升级的游戏级别中获得成就感，满足被尊重的需要。同时，游戏中各种奖励强化的"获得感"也让青少年欲罢不能。

青春期的孩子自我意识、独立性逐渐增强，对成人的依赖性越来越少，希望与成人建立平等的对话关系，而事实上，很多父母仍然将他们当作"小孩"，替他们做决定，对他们过多批评指责，因此亲子之间会出现误解、分歧、隔阂等。有些青少年逐渐开始在父母面前封闭自己，内心世界不愿意向父母袒露，但他们在内心中又特别渴望友谊。良好的同伴关系能解决这一时期的青少年闭锁与开放的心理矛盾。而有的青少年没有在现实中形成良好的同伴关系，这时网络交友恰恰为其提供了与人交往、袒露心声、平等对话、获得尊重的机会，满足了他们归属与爱的需要以及被尊重的需要。

马斯洛的需要层次理论

人的需要主要由五个等级构成：生理需要、安全的需要、归属与爱的需要、尊重的需要和自我实现的需要，依次由较低层次到较高层次排列，只有低级需要得到满足时，高级的需要才会有可能出现。

自我实现需要
尊重需要
归属与爱的需要
安全需要
生理需要

高级

低级

网络资源满足求知欲

互联网作为集娱乐、学习于一体的"伙伴""导师"，丰富的网络资源为青少年的学习和成长提供了极大的便利。互联网使得知识的获取变得更加高效、成本更低且有更多的乐趣。

上名校、从名师是自古以来学子的心愿，这个心愿随着互联网时代的到来，已然变得触手可及。足不出户，就可以享受到世界范围内众多名校名师的公开课。丰富的网络资源为青少年提供了很多学校教育和家庭教育所不能满足的信息，这在一定程度上满足了青少年的求知欲。同时互联网还把拥有共同爱好的人聚在一个个"网络社区"，彼此间的交流和沟通，能够让青少年进一步扩大视野，增长见识，收获友谊。

由此可见，一方面，我们不必把网络看作洪水猛兽，它的存在对青少年的发展有着诸多裨益。另一方面，由于网络规范的不完善，加上青少年心理尚不成熟，自制力稍弱，部分青少年迷恋上了网络，染上"网瘾"，由此会带来一系列生理、心理及社会问题。

教子有方法

网络是把双刃剑，如何引导孩子合理使用网络，是当今家长必须面对的重要课题。面对孩子对网络的迷恋，家长要做的不是指责和控制，而是看到孩子内心深处的真正需要，给予孩子恰当的引导。

✳ 做孩子温暖的榜样

智慧语录

世界的未来属于青少年，网络的发展塑造青少年。我们应高度重视广大青少年的网络需求，加强对未成年人的网络保护，使互联网真正成为文明之网、绿色之网、健康之网，共同创造世界的美好未来！

——摘自2015年12月第二届世界互联网大会《乌镇倡议》

有的家长可能会像曦曦的爸爸一样，由于平时工作比较忙，下班后习惯性地上网放松一下，在家庭中的大部分闲暇时间都在手机、电脑等屏幕间切换。"世界上最遥远的距离莫过于我们坐在一起，你却在玩手机。"曾经的一句网络流行语，如今却无数次地在现实中上演。

当我们指责孩子、担心孩子的同时还需躬身自省——我们是否给了孩子足够的陪伴和爱，是否给孩子起到了良好的榜样作用？

　　家长如何运用电脑、手机会极大影响孩子。如果家长每日抱着手机不是玩游戏就是看小说，或者购物、聊天，那就难怪孩子也刷微博、晒朋友圈。如果你在孩子面前从来都不是手机控和电脑控，除非工作需要，用电脑是在查资料、写稿子……孩子耳濡目染，自然意识到手机是为我们服务的工具，而非娱乐所用的玩具。因此，家长不妨自己先做一个好的示范者和引导者，如果孩子需要，我们可以教给孩子科学利用网络的方式，比如，如何利用关键词进行信息检索，如何利用远程平台学习知识，等等。

● 培养孩子良好的信息素养

　　父母要转变观念，正确、客观地看待网络，提高自身及孩子的信息素养。2015年第二届世界互联网大会上，习近平主席的主旨演讲告诉我们："纵观世界文明史，人类先后经历了农业革命、工业革命、信息革命。每一次产业技术革命，都给人类生产生活带来巨大而深刻的影响。现在，以互联网为代表的信息技术日新月异，引领了社会生产新变革，创造了人类生活新空间，拓展了国家治理新领域，极大提高了人类认识世界、改造世界的能力。"互联网正在跨区域、跨种族，跨越经济、政治地影响着这个世界，也影响着我们生活的方方面面。

　　人力资源专家认为，在"互联网+"时代，集业务知识、网络信息技术、市场营销等多种知识技能于一体的"互联网复合型人才"将是人才市场的主流，传统的单一型人才将被边缘化。因此，不如把对孩子沉迷网络的担心，转变为积极培养孩子适应未来时代的素养和能力。

新世纪的文盲

联合国重新定义了新世纪文盲的标准，将文盲分为三类：

第一类，不能读书识字的人，这是传统意义上的文盲；

第二类，不能识别现代社会符号（即地图、曲线图等常用图表）的人；

第三类，不能使用计算机进行学习、交流和管理的人。

后两类被认为是"功能型文盲"，他们虽然接受过基本的识字教育，但在现代信息传播高度发达的社会生活中存在比较大的困难。

引导孩子学会甄别网络信息

在网络信息时代成长起来的孩子，要学会判断、甄别媒介信息，识别虚假信息，远离淫秽、色情、暴力等"网络糟粕"，才能提高利用网络的能力。所以，家长在日常生活中，不但自己要有辨别网络信息优劣的意识和能力，同时要注意引导孩子学会甄别各种网络信息，理性地看待网络信息和言论，自觉远离网络虚假、不良信息。

对孩子实施有效的网络监管

温馨提示 如果观察到孩子使用网络时，大部分时间都是为了娱乐，比如游戏、聊天、看网络小说，并且时间过长，家长应引起重视，适时给予引导与管控。

每一个孩子都有一颗积极向上的心，但是因为心智尚不成熟，他们还不能很好地抵制网络诱惑的吸引力，因此在亲子双方达成一起改掉"迷恋网络"恶习的协议后，家长就要做好监督、指导、帮助孩子的工作。

1. 将电脑搬到公共区域

在孩子玩电脑时，家长可以适度关注，但不要时时紧盯，成长中的孩子需要隐私和尊重，家长在监督时要把握好度。

2. 商定孩子每天上网的时间，并严格遵照执行

家长要注意这是个循序渐进的过程，不要期望孩子一下子就完全远离电脑。如果要求过高，反而过犹不及，甚至引起孩子的叛逆反应。

3. 适当监督孩子的上网范围

安装监控软件，如果可能，家长也可以和孩子一起上网，玩一些益智游戏，或者一起浏览信息，一起参与评论，一起观看电影，等等，避免孩子接触到对健康不利的网站或者游戏。

❀ 帮助孩子转移注意力

对于一些已经沉迷于网络的小网迷，要逐渐引导孩子参与其他的一些活动，转移孩子的注意力，转移生活的重心，培养新的兴趣爱好，如此才能将孩子空出来的时间填满，防止因无所事事，而再次迷恋网络。

知 识 长 廊

运动有益于身心健康

心理学研究发现，持续不断的体能锻炼，不但对孩子的身体健康大有帮助，对孩子的自信心和自制力也会大有提升。原因是，能够日复一日地做同一件事情，它本身就需要超强的自制力。

1. 让孩子爱上运动

鼓励孩子多参加户外活动，安排一些游泳、打球、骑车、爬山等活动，使孩子与社会保持接触，与他人和睦相处，满足他们正常的交往需求。

2. 带孩子外出旅行

假期可以带孩子外出旅行，开阔视野，增长见识；同时新的环境、新的信息，也利于孩子摆脱网络世界对他们的影响，让他们看到现实生活中的各种美好。

3. 培养孩子的兴趣特长

让孩子选择自己感兴趣的项目，比如，画画、唱歌、舞蹈、跆拳道、书法、演讲主持、曲艺、科学发明等，把孩子的注意力转移到别的兴趣点上。在增长知识的同时，冲淡电脑网络对孩子的诱惑。

4. 建立生活中的人际圈

多鼓励孩子和同龄人一起交往，可以让孩子请同学到家里玩，可以和其他同学家长一起组织亲子活动，可以多带孩子参加家庭聚会，等等，用现实生活中的亲情和友情温暖孩子的心灵。

● 提升孩子学习兴趣和自信心

帮助孩子找回学习上的兴趣及自信心，是把孩子从网络迷恋中拉出来的关键。同时家长也要让孩子接纳自己，引导孩子认识到每个人都有自己的优点，也有自己的缺点，没有必要拿自己的短处去比别人的长处，只要努力做好自己该做的事情就可以了。如果不能很快地提高成绩，家长可以降低对孩子学习成绩的要求，帮助他在体育、美术、音乐或者班级生活中（比如给老师当小助手）找到自己的位置和价值。

及时肯定、鼓励孩子的正面改变

只要孩子做到了他们自己原先规划的任务，每天正常作息，控制使用电脑的时间，家长就可以抓住机会给孩子一定的奖励。奖励可以是口头上的称赞："孩子你太棒了！你说到做到，是很不容易的事情。"也可以量力而为地给一些物质上的奖品，如送给孩子心仪已久的运动鞋等。

温馨提示

家长要意识到孩子的改变不是一蹴而就的，要做好接受他（她）反复或者可能排斥抵触的准备。

如果孩子没做到承诺的事，要适时地进行惩罚，而这个惩罚需要是孩子事前就同意的。有研究发现，如果让孩子自己决定奖励或惩罚，他的做法往往会出人意料，愿意付出的努力比家长想象得多得多，从而更能达到预想目的。

亲子共成长

一位父亲的育儿经验

儿子自从痴迷网络之后，就经常旷课逃学，学习成绩明显下降，于是我采取上学放学押送、限制零花钱、为电脑设置密码等方式来控制他，但都无济于事。后来，我从心理专家那里得知，迷恋网络的孩子内心多数比较封闭，所以要教育孩子不再迷恋网络，首先得打开孩子的心扉。

于是，我开始改变我的教育方式。最初，我和儿子一起玩游戏，一起踢足球，一起看电影，一起下棋。渐渐地，儿子感到我们的关系不仅是父子，更是朋友，他开始向我敞开心扉，先是问我一些电脑知识，后来在学习、交友方面遇到困难，也会倾听我的意见。

成为朋友后，我开始在言谈之间提及迷恋网络的害处，并用一些事例触及他的心灵。儿子喜欢画画，我就教他在电脑上画漫画，教他使用画图软件和动画制作软件。他学得很认真，很快就能自己动手做一些简单的动画了。后来他还给班级做电子相册，配上音乐和文字，深受老师和同学的喜爱，他也在不断地参与班级活动中体验到自我价值。

渐渐地，儿子开始走出他曾迷恋的网络世界了。

第 7 课
孩子的青春期性教育

生活进行时

某中学男女生《家庭青春期教育情况》调查问卷显示：

100%的男女生都知道月经或遗精，获取知识的渠道基本为生物课本、课外书籍等。有81.9%的女生父母（多为母亲）曾与孩子交流过月经的话题，12.3%的男生父母（多为父亲）曾与孩子交流过遗精这一话题。

女生父母除了谈到要注意经期卫生、不能着凉等生理知识外，只有5.9%的父母谈到了异性交往、心理发展、自我保护的内容。只有2.5%的男生父母谈到了性生理的发育、异性交往等问题。

我该怎么和她说这些呢……她听了会不会心里有压力。

我小晚好难受啊。

很多父母对孩子的青春期教育存在困惑。

琪琪妈妈：我们知道该给孩子介绍有关性的知识，但是什么时候讲，以怎样的口吻讲，父母双方由谁讲，我们还是拿捏不准。

子昂妈妈：孩子明确告诉我，我要说的这些，他都懂，不想听我叨叨，怎么办？

安琪妈妈：我觉得孩子来月经了，是个很好的教育契机，但是又担心孩子小，性知识讲多了会不会适得其反，给她造成心理压力。

心理直播间

从学生问卷调查的结果看，家庭青春期性教育的形势并不乐观，很少主动和孩子交流关于青春期的生理卫生、自我保护、异性交往等和性有关的话题的父母不在少数，重视培养孩子性心理健康、成长自豪感的更是少之又少。男孩的家庭性教育尤其缺乏。

尽管大多数父母都意识到了进行青春期性教育的重要性，但是在实际的生活中又会遇到"时机疑惑""信息疑惑""方法疑惑"等多方面的实际问题。下面我们就围绕青春期的家庭性教育问题和父母们一起探讨。

● 青春期性教育的几大误区

目前家庭教育中的性教育不到位，与家长思想观念中存在的几个误区相关。

1.误区一：孩子长大了，自然就懂了

有些父母或许这样认为：回想过去，我们没有接受科学系统的性教育，懵懵懂懂，也走了过来，貌似也没犯什么大错。

但如今网络时代，孩子太容易接触到不科学的甚至是扭曲的性知识，这将影响孩子的健康成长和一生的幸福。"无师自通"的性知识是有残缺的。

2.误区二：这些知识，老师都会讲的

在学校教育中，生物课、道德与法治课以及心理健康课中，老师都会涉及部分青春期知识，但是因为缺少具体的教学要求，各学校的普及情况并不相同。即使在青春期教育开展得比较好的学校，因为孩子个体成长情况不一致，老师在面向全体的教育过程中，往往缺少针对个体差异的个性化教育，因此最了解孩子、最易实施青春期性教育的还是父母。

3.误区三：知道这些，孩子就会变坏

担心孩子脑子里老想着"这些东西"，可能会变坏，这是很多父母不敢和孩子谈性的原因之一。

联合国人口基金会驻华代表处代表希瑞·泰丽雅女士说："并不是闭口不谈性，青少年就不会发生性行为。中国和很多国家的实际情况是，未婚先孕的少女在增多，她们不是对性了解得太多，而是太少。"研究显示，性教育不仅不会导致性行为过早发生，反而能促进推迟的、更负责任的性行为。

知识长廊

谁对孩子的健康性行为影响最大？

据美国新闻与世界报道刊文，加拿大儿科协会上宣布的一项新研究发现，父母是孩子健康性行为的第一典范，朋友或媒体次之。

智慧语录

要在女孩来月经之前，男孩子发生首次遗精之前，把科学的性卫生知识告诉他们。

——周恩来总理在1963年卫生部全国医学科学工作会议上的讲话

4.误区四：孩子太小，不宜讲这些

什么时候开始进行性教育？专家告诉我们，性教育越早开始越好。通常情况下，孩子在两三岁的时候就会问我从哪里来，这是进行性教育的最好契机，千万不要欺骗孩子，应该告诉他们真相。另外，浴室是进行性教育的非常好的场所，面对成人的身体，孩子会问，为什么我们不一样等问题，这是让孩子了解成人身体或异性身体的过程，也是去除对性部位的神秘感、羞耻感的过程。"让教育走在发展、需求的前面"是性教育的重要原则。

5.误区五：让孩子了解一些知识就行了

很多父母在进行性教育时也仅仅告诉孩子一些基本的生理知识，告诉他们要养成良好的饮食、卫生等生活习惯，这种停留在生理层面的教育，是非常不全面的。

完整的青春期性教育是一项综合性教育，比如：让孩子树立"性是自然而健康的"态度，认同性知识是需要不断学习的，学会友好而有分寸地处理和异性同学的关系，懂得尊重两性的生理、心理差异，懂得性生理和性心理的自我保护，有了问题及时向父母请教，等等。

父母应该抓住各种生活契机，为孩子提供全面的性教育。

✿ 青春期性教育的主要内容

青春期到来时，父母应该为孩子做好哪些方面的教育呢？从专业的角度讲，青春期性教育包括性生理教育、性心理教育、性道德教育、性美学教育等方面的内容，案例中提到的月经、遗精等问题属于性生理教育。生理知识的缺乏有时会妨碍心理的健康发展，进而影响孩子一生的幸福。

1. 告诉孩子基本的生理变化知识

虽然学校课本上会有青春期生理变化方面的知识，但是父母态度亲切、平和，而且充满真诚和关爱地传递性知识，会让孩子倍感温暖、更易接受。

父母可以用自己的亲身经历告诉孩子，到了青春期身体上的变化会非常明显，主要包括：

● 性生理发育

青春期，身体会出现第二性征，男孩长胡须、喉结突出、肌肉发达、声音变粗；女孩骨盆宽大、皮下脂肪较多、乳腺发育、声调变高等，这是人生中最具有里程碑意义的成长阶段。

● 女孩来月经／男孩遗精

这是女孩／男孩青春期到来的重要标志之一，是每个人成长的必经之路，家长要鼓励孩子坦然地接受自己成长的历程。当然，个体生长发育的早晚与遗传、环境、营养等因素有关，不要刻意和他人比较，发育的早晚不会影响未来的发展。父母特别要告诉孩子的是，月经和遗精都是正常生理现象，对身体无害。

2. 告诉孩子要懂得自我保护

告诉孩子，到了青春期一定要细心地保护自己的身体，主要包括：

● 卫生常识：男孩要及时换洗内衣裤，不穿过紧的内裤，睡前用温水洗脚；女孩勤用温水清洗外阴部，经期使用清洁的卫生纸（巾），避免着凉，不要吃生冷、辛辣的刺激食物，保持足够的睡眠和休息，避免剧烈运动。

● 保护意识：要避免与他人非正常的身体接触；着装大方得体，不过分暴露；不与异性在私密空间单独相处，坚决避免身体上的亲密接触；受到语言或行为上的性骚扰，要坚决冷静地制止；遇到性侵犯时要机智求救，设法尽快远离；一旦受到伤害一定要及时告诉父母；等等。

3. 引导孩子悦纳自己的体貌变化

青春期的孩子对自己的体貌变得更加敏感，常常陷于对自己体貌的不满当中。男孩希望自己长得更高，更有力量；女孩更重视体型和容貌，并且更加渴望得到异性的认可与关注。但是很多父母没有意识到，这是青春期孩子的正常反应，错误地认为："学习是孩子的主要任务，要心无旁骛，一旦孩子表现出对外在形象的关注，就严厉地制止。"

青春期孩子对自我体貌不满是很普遍的，但个别孩子的这种不满对其人生未来的影响是深远的，它会影响孩子的自我评价、人际交往，甚至影响成年后的婚姻生活。一些成年女性过度执迷于减肥、习惯于浓妆艳抹、整形成瘾，男性男子汉气概不足、胆小懦弱、偏女性化等，这些都不同程度地与青春期体像成长不良有关。因此父母首先要理解孩子对于自己体貌的过多关注，同时注意引导孩子多关注自身的长处，悦纳自我，耐心对待身体的变化，快乐健康地度过青春期。

知 识 长 廊

"丑小鸭"情结

青春期体像问题，又称"丑小鸭"情结，通常指孩子在青春期由于对自己的身心发育存在各种疑惑，担心或误认为自己与别人不同、比别人差，而产生焦虑紧张、烦躁不安等情绪，最终发展成自责、自卑心理。

4. 引导孩子树立责任意识

青春期的孩子独立性进一步增强，父母要提供更多的机会让孩子自我历练，培养他们的责任意识。

在家庭生活中，父母要摒弃"孩子只需好好读书"的观念，要让他们承担一定的家庭责任。比如分担家务，收拾房间，整理自己的衣物，帮助父母购物等；给孩子一定的家庭基金，尝试着买菜做饭；在家庭做出重要决策时，听取孩子的建议；节日时亲友间互赠礼品时，让孩子承担部分任务等。

在交友方面，注意引导孩子选择朋友，真诚相待，互帮互助。异性交往时要注意大方得体；尊重对方的人格、感情，不伪装自己，不弄虚作假，不轻易许诺；不妨碍对方学习，不打扰对方的生活；等等。

另外，犯错了要承担责任，选择后能承担风险，等等。这些都是青春期孩子应该具备的品质，可以在对孩子进行青春期教育时适当渗透这些理念。

知 识 长 廊

青春期生理发育的早熟与晚熟

早熟和晚熟对初中生具有重要的影响。心理学家研究发现，一般说来，早熟对男孩利大于弊，早熟对女孩弊大于利。

早熟的男孩由于身体较高，在体育运动中很容易成功，这使他们更易受欢迎并形成积极的自我概念。但早熟的男孩也存在潜在的风险，需要引起成人的关注。例如，较大的体格使他们容易接触年龄比他们大的人，而这些人可能会引导他们做出不恰当的行为，例如打架、欺负他人，甚至药物滥用等。此外，尽管早熟的男孩在以后的生活中更有责任心和合作性，但他们相对更加顺从、缺乏幽默感。

早熟的女孩比早熟的男孩通常面临更多不利的社会和心理因素。她们的身体发生明显的变化，如乳房的发育可能导致她们感觉不舒服，而且总体上女孩的生理发育早于男孩，因此早熟的女孩容易受到未发育同学长时间的嘲笑，从而导致早熟女孩加入年长同伴团体寻求同伴认同，而这会增加问题行为出现的概率，如吸烟、酗酒、性行为等。

晚熟的男孩遭遇相对较差，瘦小的身体容易受到同伴的嘲笑，由于身体矮小，他们可能不擅长运动，而且人们总是希望男孩长得又高又大，这会使晚熟的男孩自我评价降低、缺乏自信，晚熟的不利影响可能会一直持续到成年期。

晚熟的女孩所面对的情况相对积极。晚熟女孩出现的情绪问题相对较少。由于社会期望女孩苗条，晚熟女孩比那些看起来壮的早熟女孩更能适应社会的期望和要求，因此进入发育期后，她们对自己和身体的满意度会好于早熟的女孩。

教子有方法

性，一直是中国人避讳的话题。父母教育孩子要好好学习，考上大学，要好好工作，出人头地，却很少告诉孩子如何对待性和爱。所以，作为当代中学生的父母，要认真准备，上好对孩子进行"性与爱"的教育这一课。

● 父母提前学习

父母首先要走出性教育的误区，充分认识性教育也是家庭教育的重要内容，父母的参与是青春期性教育成功的重要因素。

1.提高性教育责任意识

父母要主动担负起性教育的责任，对孩子进行及时的性教育，让科学的性教育在孩子的心灵里"先入为主"。如果父母不及时给孩子提供这方面的知识，部分处于青春期的孩子可能会从其他不良渠道寻找答案，这些知识往往是不科学的，甚至是扭曲的。

温馨提示

传统的性教育做法	带给孩子的感觉
不闻不问	无助，孤独
阻止，压抑	郁闷，失望
回避，转移	迷惑，好奇
指责，打骂	伤心，痛苦
片面	似懂非懂
欺骗	怀疑，气愤

2.掌握科学的性知识

如果有的家长本身还没有能力和孩子谈论性的话题，应该先行学习，补充知识。同时还要意识到，性教育需要父母共同承担，需要双方认识上一致、行动上配合。

❀ 交谈应轻松平和

谈到性教育的话题，父母往往小心谨慎，过度紧张，其实这种不恰当的态度往往会给孩子形成误导，因此父母应该调整好自己的心态，像对待普通生活问题一样，轻松自如地对孩子进行性教育。

1.注意语气语调

在与孩子谈论这一话题时，父母一定要首先保持健康积极、充满自信的心态。与孩子交流时，要自然轻松；面对孩子的提问，要平和地回答，不要担心和迟疑；不要试图回避或应付孩子的问题，更不要采用批评指责的态度。

他山之石

母子问答：什么是青春期

五年级的儿子好奇地问妈妈：到底什么是青春期呀？

妈妈轻松而幽默地回答：青春期啊，就是你快速地长大了，个子很快变高了，声音有磁性了，肩膀变宽了，肌肉强壮了。呵呵，小鸡鸡也会变大哦。对了，你会像爸爸一样，长胡须，长腋毛，长阴毛呢，那时你就是真正的男子汉了！当然可能也会有烦恼，比如遗精了，喜欢关注女生了等等吧。

儿子笑着回应道：哦，听起来很神奇，好期待啊！我要长成男子汉了！

妈妈欣喜地拍拍儿子的肩膀：那当然了，妈妈也好期待那一天呢！

2. 书本辅助交流

因为不知如何启齿，很多父母在进行青春期教育时往往采用指导孩子阅读相关书籍的方法，这种方法科学全面，专业性强。如果父母想只用某本教科书来解决问题，这样的教育效果不会很理想。孩子还需要父母与他坦诚平等地用拉家常的方式沟通，更利于他稳定心态，感受温暖，排除恐慌，健康成长。

● 把握好教育时机

性教育的时机一定要遵循"自然"的原则，在孩子需要时、提出疑问时、面临困难时，进行教育是最有效果的。

家族中有人结婚了，父母在聊天中可以渗透择友观、爱情观。

孩子的同龄人谈恋爱了，父母可以听听孩子对异性、对爱情的看法。

新闻报道中出现青少年被伤害事件，父母可以自然告诉孩子交友不慎或自我保护意识缺乏带来的危害。

电影电视中涉及青春期话题，父母可以和孩子敞开心扉，自由交流。

闲暇时给孩子讲讲父母的成长经历或相识相恋过程，将自身的经验告诉给孩子。

给孩子看青春期教育书籍，创设交谈机会，交流学习收获。

适当地创设情景，进行角色扮演的练习，训练异性交往技巧。

遇到电视、电影上出现亲昵行为的镜头，不要采取调台或者找借口让孩子走开的逃避做法。当然，父母要避免选择观看有过多亲昵行为的电视和电影。

他山之石

瑞典的性教育

瑞典从 1942 年开始，中小学就开始进行性教育，是全世界性教育最完善的国家之一。

除了坚持预防、引导、尊重和平等的原则外，他们更强调和突出"性"的正面价值和在人生中的积极作用。良好系统的教育使得瑞典的青少年妊娠与堕胎数量是全球最低的。

以身作则，展示真爱

我们一直在强调如何对孩子进行青春期教育。告诉他们基本知识，引导他们明晰道理，这些固然重要，其实所有的言传都不如身教。要想让孩子得到幸福，父母先要把幸福展示出来，让孩子感受到真爱的美好，孩子模仿父母是最好最快的学习。多表达爱意，建立良好的夫妻关系，共同经营幸福的婚姻，是给孩子最好的"性与爱"的教育！

✿ 单亲家长注意的问题

单亲家庭的父母也不必为孩子的青春期教育烦恼，不必为对异性孩子进行性教育而感到尴尬，家庭的不完整并不代表教育会缺失，在对孩子进行性教育时可注意以下方面：

- 划清界限，不让孩子卷入父母的矛盾。
- 以尊重、珍惜、感恩的态度面对曾经的姻缘，不抱怨，不指责。
- 善于反思，勇于承担婚姻失败的责任
- 吸取教训，提升自己。
- 坚持追求幸福的权利。
- 可以请异性亲朋好友协助对孩子进行性教育。

亲子共成长

一位母亲的"护女心经"

我是这样教育我女儿的。

我告诉她，上中学以后，她会发现很多女孩子、男孩子会开始交往，她也会对男孩子感兴趣，希望自己有男孩子喜欢，这很正常。

如果她喜欢了哪个男孩子，可以和他成为朋友。只要是对他们促进学习成长有帮助的，我不会反对。

但是我告诉她，不要因为对性好奇，而去尝试发生性关系，这不是我允许不允许的事情，而是对她自己的身体有害。

因为她在 18 岁以前，女性生殖系统还没有发育完全，因此过早地发生性关系会导致很多妇科疾病，对她今后的生活也会有很大的影响。

另外就是怀孕、堕胎的问题。很多未成年妈妈，电视上经常播放她们的生活实况，可以看到她们生活得很艰难。这些也是社会在对孩子们进行教育。

所以我很少对女儿说，你不许，你不能。我就是和她谈这些社会问题，听她对这些问题的看法，最后让她自己意识到不能，不可以。

这样她才能做到真正懂得保护自己。

第8课
与孩子一起聊聊"爱情"

生活进行时

小林妈妈陷入了担忧中:"孩子前一段时间跟我说,他想转学,我赶紧到学校了解情况,发现孩子对班里的一个女生有好感,却遭到女生的拒绝,儿子为此很受打击,自尊心受到了伤害。"更让小林妈妈担心的是,这件事发生后,小林还常遭到同学的嘲笑,这让他产生了厌学的情绪。

小秋是个性格活泼的女孩。据小秋妈妈讲述,女儿有"早恋"倾向:"暑假里,我有几次看到一个男生送她回家。她以前打电话从不背人,现在经

女儿啊,你现在的任务是好好学习,可不要因为早恋影响了自己的未来呀。

你们不要管我这么多啊,我自己的事自己会解决。

常偷偷躲在房间打电话，我敲门，她就很快挂断电话，还埋怨我偷听她的电话。"小秋的反常行为让小秋父母很苦恼，经过一些了解后，他们更加确认了女儿的"早恋"。小秋父母几次三番找女儿谈话，苦口婆心地劝女儿不要过早陷入感情，并列举了种种严重危害，比如影响学习和以后的人生路等，但女儿却无动于衷。他们辗转找女儿的"男朋友"谈判，结果却导致他们和女儿彻底闹僵。如今，小秋父母面对女儿已经是束手无策了。

在面对"爱情"这个美好又敏感的话题时，家长应该如何看待"爱情"，又该如何引导孩子正确认识爱情、顺利度过青春期呢？

心理直播间

由于环境的改变和饮食结构的变化，现在的孩子在生理发育的年龄上有所提前，加之多渠道的信息来源，很多孩子在生理上和心理上都较早地告别了天真烂漫的童年，而迎来了充满活力的青春期，其中也会出现爱情的萌动。

接下来，让我们一起聊聊孩子们青涩的爱情。

孩子的爱情是怎么产生的

1. 生理趋于成熟带来的心理需求

青春期的孩子在生理上会发生很多变化。例如，身高的增长是青春期孩子身体发育的表现之一。人的身高增长有两个快速期，出生后的一年内是第一个加速期，身高几乎增长一半，然后发展速度减慢，到初中阶段孩子的身体发育进入第二个快速期。随着身体的猛长，孩子的性器官和性腺迅速发育，性机能成熟，孩子开始进入青春发育期。性成熟开始的标志是：性腺机能增强，第一性征发育迅速，第二性征开始出现。第一性征是指生殖器官的发育。第二性征即副性征，男性的声音变粗，甲状软骨开始增大，出现胡须、遗精现象等；女性声音变高，乳房隆起，出现月经初潮等。生理学研究表明：这个时期由于脑垂体前叶分泌的激素对孩子青春期个体身体各系统的刺激，使得他们的身高、体重迅速增长，并且与甲状腺一起促进着机体内的新陈代谢过程。一般情况下，女孩子的性成熟期比男孩子早一二年，女孩子从十一二岁开始，男孩子则从十三四岁开始进入性成熟期。

这个时期，孩子生理上趋于成熟，基于生理与心理上的需要，对异性产生"爱慕之情"是一种正常心理，所以少男少女之间的特殊感受，更多的是"自然属性"。正因为如此，苏联著名教育家马卡连柯指出"恋爱是不能禁止的"，这是"人"的成长过程中的正常需要。

2. 逃避压力的"出口"

孩子进入初中，随着学习科目增加，学习内容广度、难度增大，学习的压力也与日俱增。这时孩子为缓解学习压力以及青春期焦虑，也容易用恋爱来逃避生活、学习的迷茫。

3. 家庭或社会因素的影响和催化

首先是家庭环境的影响。如果孩子在青春期缺少与家长的有效沟通，得不到家长的尊重、理解与关爱，他们则容易被同龄异性的关心所打动，陷入爱情。

其次是网络和影视作品的影响。现阶段一些网络游戏、文学作品、影视节目中充满了情感纠葛、缠绵悱恻的故事情节，孩子经常参与类似的游戏、观看类似的节目，或他们的生活世界总是被这样的信息干扰，他们便会在潜移默化中受到影响，更容易认同这样的价值观念。久而久之，他们容易在"自然属性"的驱动下，在与同学相处时模仿影视作品中男女主人公的爱情故事。

● 青春期恋情的发展阶段与特点

1. 第一个阶段是"朦胧期"

总体上，女孩子从9岁到11岁左右，男孩子从10岁到12岁左右，处于青春期恋情的朦胧期。此时男孩、女孩对性别差异比较敏感。男女生在一起时往往感到拘束、害羞，常采取疏远和躲避的方式。而他们对成年异性，又往往表现出许多的亲昵和依恋。对于处在"朦胧期"的孩子，家长要引导他们正视自己的性别角色，在与异性同龄孩子的交往中做到大方、诚恳，而与成年异性交往，不宜过分亲昵。父亲对于女儿、母亲对于儿子要注意保持适度亲近。

2. 第二个阶段是"爱慕期"

女孩子从11岁到13岁左右，男孩子从12岁到14岁左右开始。这时的男孩、女孩之间开始互相观察、互相欣赏，尤其注意异性的谈话、表情、动作等，而且开始关注自己的服饰、举止，总想给异性留下良好的印象。在与异性接触的过程中，有时会出现对异性的浮想联翩。然而，此时异性之间的好感大多数是泛泛的，没有具体对象。所以家长要引导处在"爱慕期"的孩子尊重异性和尊重自己，注意自身的仪表和文明礼貌，多关心和参与班集体的事情，为集体出力，男女同学要坦诚合作。

3. 第三个阶段是"初恋期"

女孩子从13岁到15岁左右，男孩子从14岁到16岁左右，他们在年龄相近的异性中，发现较喜爱的对象，进而给予特别的注意与关心，寄予特别的期待。青春期的孩子在感情上希望多接触、多交往，但在理智上也会有种种顾虑。这个时候如果家长发现自己的孩子存在这种情况，要引导孩子多参与群体活动，尽量减少与异性同学单独接触的机会，从而避免萌发初恋之情，影响学业和个性发展。告诉孩子与异性交往时要注意自身言行，避免肢体接触，不随便逗闹。如果发现孩子有"早恋"迹象，或经过认真观察确认孩子是在"恋爱"时，一般不要急于去处理，最好先冷静地进行一番分析，根据孩子的性格特点，寻求恰当的教育时机，一定要避免当众说此事，尊重孩子的隐私，保守秘密。可以个别谈心，也可通过书信等形式沟通。尊重孩子的做法，往往可以收到积极的效果。

4. 第四个阶段是"钟情期"

这个阶段一般发生在高中阶段。这个阶段的孩子向往着浪漫爱情，倾向于爱恋某个异性。如果在恋情上受挫，容易意志消沉。这时候家长可多尊重和接纳孩子选择异性的标准，同时以此为契机，培养孩子的爱情观、价值观。

教子有方法

理解了青春期孩子的"爱情"由来，家长紧绷的心弦或许可以有了些许放松。在陪伴孩子顺利度过青春期的过程中，家长在哪些方面可以有所作为呢？

开展爱情教育，积极预防过早恋爱

积极预防胜过事后疏导。爱情教育不是去教孩子如何谈情说爱，而是教孩子在成长的过程中如何去拥有一份美好的感情，去收获人生的幸福。爱情教育让孩子学会正确面对这个时期的情感困惑，引导他们去思考爱情这样一个严肃的情感话题。

珍惜与孩子交流的机会，让孩子有务实的人生追求。分析社会需要，认识学业对将来事业与生活的重要性，讨论他们将来的理想，实现理想的途径以及如何克服困难去实现理想。在没有发生恋情之前，一起聊一聊在实现理想的道路上，出现喜欢某人或被异性喜欢怎么办等话题。亲子间坦诚沟通，是化解孩子情感困惑的一剂良方。

培养一项或几项运动爱好或兴趣特长，养成追求高雅的生活情趣，也是引导孩子顺利度过青春期的途径。青春期的孩子有着大量的精力，尝试引导他们将充沛的精力释放到体育锻炼、兴趣爱好中。

相信孩子有升华恋情的能力

作为家长，我们应该看到，青春期孩子对异性产生好感、倾慕，有接近对方的想法，产生性幻想等是人生必经的阶段。当孩子产生这些感受和想法时，家长首先应该祝贺孩子："孩子，你长大了。"同时，家长要相信大多数孩子经过多年的家庭教育和系统的学校教育之后，他们是能够恰当处理对异性的感受与想法的，能够听从师长叮嘱，将主要精力用于学习。例如，有了自己喜欢的异性，能做到让自己以更出色的成绩吸引对方注意，很多孩子恰恰就是为了让自己在异性面前不丢面子，维持良好形象而不断成就自我的；在向对方表达心意被拒后，能够采用恰当的方式转移注意力，释放或升华自己的情感。父母无条件地信任孩子，是孩子克服困难、突破自我的重要基石！

❀ 不能粗暴干涉孩子的恋爱行为

孩子如果开始"恋爱"，家长可以和班主任配合，采取谈心、鼓励的方式，让孩子多参加集体活动，减少单独与某个异性接触的机会；借用身边的鲜活事例，让他们看到初中沉浸于恋爱对自己不良的影响。家长不要用成人化的思维或价值观来评价早恋的孩子。

知识长廊

1. 罗密欧与朱丽叶效应

美国社会心理学家大卫和利比兹曾做过一次调查，他们发现父母对恋爱中的男女进行干涉的程度愈高，男女双方产生的感情愈强烈。他们把这种现象命名为"罗密欧与朱丽叶效应"。因此，当发现孩子出现恋爱行为时，家长和老师不能简单地禁止，更不能粗暴地扼杀，或在大庭广众下公开批评。因为简单粗暴的做法往往会适得其反。

2. 故意忽略效应

"故意忽略效应"就是对孩子的某些特定行为故意忽略。如果老师、家长觉察孩子的恋爱行为，马上视为洪水猛兽，一味地控制和禁止，或采取"监视""搜查""恐吓"等简单、粗暴的做法，只会引起负面效应。这时，"故意忽略"反而可让他们有自我反省的时间，冷静地处理感情。

对于已经陷入恋爱中的孩子，家长要教会孩子用理智战胜情感。一方面，帮助孩子树立远大的理想，和孩子一起进行人生规划，让孩子认识到人生发展的每个阶段都有不同的任务，只有将精力集中于主要任务才能逐渐实现自己的理想。另一方面，如果发现孩子在"热恋"，家长应淡化孩子情感上的浓度，多创造家庭集体活动的机会，使孩子既能满足自己和异性交往的心理需求，又不至于把需求和精力都指向一个人。同时，教会孩子以开放的态度对待感情，将情感暂时搁置，把精力集中在学习上。家长还要引导孩子多参加集体活动和自己喜爱的活动，用多层次、多角度的同学友谊来冲淡业已"浓缩"起来的恋情。

家长要用好"共鸣理解"走进孩子的内心。对于小林妈妈的困惑，有位妈妈也曾遇到过类似的情况，她没有指责儿子，而是跟儿子讲述了自己青春期的初恋。在坦诚的氛围下，儿子渐渐向妈妈打开了心扉，在理解与信任中，母子俩谈了各自对恋情的看法。那次谈话之后，儿子像变了一个人一样，学习更加努力了，似乎也更成熟了，更重要的是，儿子遇到什么事情，愿意跟母亲打开心扉交流了。

亲子共成长

苏霍姆林斯基给女儿的信

亲爱的女儿：

你的问题使我激动不已。

现在你 14 岁，正在跨越成为一个成年女子的门坎。你问道："爸爸，爱情是什么？"

当我意识到，我现在已经不是在同一个小女孩谈话时，我的心在激烈地跳动。在你跨越这个门槛时，我祝你幸福。但是，只有当你成为一个有头脑的贤惠姑娘时，你才能得到幸福。

"爱情是什么"这个问题，也曾使我心中很不平静。在童年时代和青年的早期，我最亲近的人是祖母玛利姬，她为我打开了神话、祖国语言和人类之美的广阔世界。有一次，在一个早秋寂静的傍晚，坐在苹果树的浓荫下，看着向温暖国度飞去的仙鹤，我突然地问道："奶奶，爱情是什么？"

最复杂的问题她也会用神话来解释。她的一双蓝色的眼睛流露出沉思和不安的神色，她用一种极特殊的从来也未有的方式看了我一眼。接着，她就讲开了：

爱情是什么？……当上帝创造世界时，他在地球上安排了各种生灵，并教给他们用自己同类的办法延续自己的种族。他给男人和女人划出了田地，并教给他们如何建造窝棚，给了男人一把铁锹，给了女人一小撮种子，他对他们说："在这里生活和传宗接代吧，我干自己的事去啦。一年以后我再来，看看你们过得怎么样。"

刚好过了一年，上帝和天使长加福雷依尔来了。他们是在一个大清早，太阳刚刚升起的时候来的。上帝看到：男人和女人坐在窝棚旁边，他们面前庄稼地里的谷物正在成熟，他们身旁有一个摇篮，摇篮里的婴儿正在睡觉。这男人和女人有时仰望天空，有时互相对视。在他们相互对视的瞬间，上帝在他们眼里发现了一种莫名其妙的美和一股特别神秘的力量，这种美赛过蓝天、红日，超过宽广的大地和金黄色的麦田，比上帝亲手制作的一切东西更美好。这种美使上帝震颤、惊奇、发呆。

"这是什么呀?"上帝向天使长加福雷依尔问道。

"这是爱情。"

"爱情是什么?"

天使长耸了耸肩说不知道。上帝走到男人和女人跟前,并问他们,什么是爱情。可是他们不能向他解释清楚。于是上帝生气了。

"啊哈,是这样!现在你们接受我的惩罚:从此时此刻起,你们将会死。你们每活一小时,就将消耗掉你们的一分青春和活力!五十年以后我再来,看看你们眼里还有什么,你们这些人啊……"

"上帝生哪一门子气呢?"我向祖母问道。

因为人没有向上帝请示,就创造了一种连上帝也不认识的东西。你听我往下说:五十年以后,上帝和天使长又来了。上帝看到:在窝棚旁边建起了一座用圆木造的木屋,在空地上培植的鲜花开满了花园,田地里的庄稼正在成熟,儿子们在耕地,女儿们在收割小麦,而孙子们在草地上玩耍。在木屋门前坐着一个老头和一个老太婆,他们有时遥望鲜红的朝霞,有时相互对视。上帝在他们的眼睛里看到的那种美比以前更巨大,那种力量比以前更强烈,并且还包括一种新的东西。

"这是什么?"上帝向天使长问道。

"忠诚。"天使长答道,依然没人能够做出解释。

上帝更生气了。

"人啊,光让你们衰老还不够吗?你们活不了多久啦。那时我再来瞧瞧,看你们的爱情会变成什么东西。"

三年以后,上帝和天使长又来了。上帝看到,一个男人在一个小土丘旁坐着。他的眼睛里充满了悲伤,可是里面依然存在着那种莫名其妙的美和那股特别神秘的力量,而且其中不只有爱情和忠诚,又增添了一种什么东西。

"而这又是什么？"上帝问天使长。

"心灵的怀念。"上帝捋了一下自己的胡须，就离开了坐在小土丘旁的那位老人。上帝扭过脸，向长满小麦的田地和鲜红的朝霞望去，于是他看见：在金黄色的麦田旁站着许多年轻的男女，他们有时仰望天边的彩霞，有时相互对视……

上帝站在那儿望了他们很久，然后，陷入了沉思，从那时起，人成了地球的主人。

你瞧，我的乖孙孙，这就是爱情。爱情——它比上帝还崇高。爱情就是人类千古不朽的美和永恒的力量。人类一代一代地相互交替。我们每个人都要变成一堆灰烬，而爱情却以充满活力的、永不衰退的联系保留下去！

……

人的爱情不仅应当是美好的、忠诚的、可靠的，而应当是明智的、慎重的、机警的和是非分明的，只有这样，它才能带来快乐和幸福。记住这一点吧，我的女儿。记住：生活中不仅有美好和崇高的东西，令人痛心的是也有丑恶、奸诈和卑鄙行为。你不仅要有一颗坦率、善良的心，这颗心同时还必须是端正的、坚毅的和严格的。

第9课
助力孩子学习成绩见起色

生活进行时

瑶瑶爸爸：我家瑶瑶升入毕业班后，学习明显刻苦了，周末回到家不用大人提醒就先去做作业，还主动补习弱科。看到孩子如此努力，本想她成绩该大有改观，可还是处在中游水平，我真怕这会挫伤她的学习积极性。

新宇妈妈：我家新宇还是学习不紧不慢的，该玩就玩，回到家不是看电视就是玩电脑。你提醒他，他说周末就要放松放松。听起来，他在学校似乎很用功，可是学习成绩一点儿没见起色，考重点高中有些悬呀！

> 孩子，你的成绩怎么老在中游徘徊呢？

> 可我明明已经很努力了，怎么会这样？

晓龙妈妈：晓龙的数学相比其他学科偏弱，临近中考，该给他好好补补了，我帮孩子找了好几个家教，可收效不大，数学成绩几乎还在原地踏步，真让人着急。

……

面临中考，家长期望能看到孩子明显的进步，期待他们能以优异的成绩升入高中。可是很多家长会发现，在这最后的冲刺阶段，总有些孩子的成绩不见起色。

心理直播间

所谓学习成绩不见起色，是指孩子的学业成绩没有取得明显进步，基本上维持在原来水平或上下稍有浮动，甚至还有些下降。毕业班的学生要面临升学，家长都期望孩子的学习成绩能提高一些，再提高一些，以便能稳妥地考入理想的学校。一般来说，孩子出现以下情况，家长会更期待其成绩能有所起色：学习成绩与升学目标稍有差距；孩子有弱科，而其他科的成绩还不错，弱科的问题亟待解决；孩子学习劲头不足，家长感到还有潜力可挖，期望孩子更努力一些；对孩子学习采取了一些措施，如报了补习班、学习时间投入更多等；孩子的学习成绩在一段时间内略有下降，家长担心孩子最后发挥不出应有水平。

● 成绩不见起色的原因

孩子学习成绩不见起色的原因因人而异，常见的有以下几种情况。

1.学习动力不足

孩子没有明确的学习目标，学习兴趣不浓，虽已升入毕业班，但并未为升学做积极努力的准备，学习成绩难有大的起色。案例中的新宇明显属于这种情况。

2.学习基础较差

学习是需要积累的，孩子想努力提高学业成绩，但由于基础薄弱，即便在一段时间很努力，成绩也不会在短期内有很大变化。

3.习惯不良或方法不当

一些孩子随着年级升高比以前更加努力，但效果不佳，可能是由于孩子的学习习惯不良或方法不当所致。比如有的孩子学习粗心、情绪烦躁，致使成绩不理想。案例中的瑶瑶和晓龙可能存在这方面的原因。

4.缺乏良好的学习心态

青春期的孩子自我意识增强，内心变得复杂，加上中考压力大，情绪很容易波动，每天都保持饱满的学习热情实属不易。特别是那些渴望提高成绩的孩子，他们需要克服很多困难，需要面对生活中的一些失意与困惑，心态调节不好，学习效率难以保证，成绩提升就无从谈起。

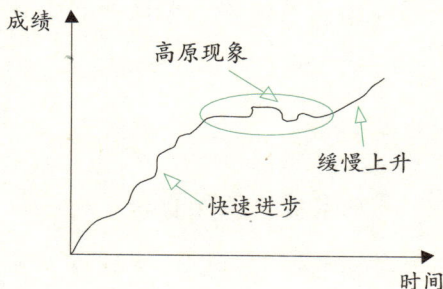

智慧语录

方法的得当与否往往会主宰整个读书过程，它能将你托到成功的彼岸，也能将你拉入失败的深谷。

——朗之万

5.出现高原现象

一些孩子在复习过程中会有一段时间学习和复习效率不高，甚至学过的知识印象模糊。这在心理学上被称之为"高原现象"。

这是一种常见的现象，而且，只要孩子注意调节，缓解学习压力和疲劳，根据需要适当调整学习方法，合理规划时间，高原现象在一段时间后就会消失。

6. 与老师关系不良

俗话说，亲其师，信其道。孩子与老师的感情联结情况对学习的影响很大，有些孩子因为对老师产生偏见，不能与老师妥善沟通，致使师生关系不良，由此讨厌某门学科，致使成绩不佳。

❀ 成绩不见起色的消极影响

孩子成绩如果一段时间内总不见起色，会对孩子乃至家长产生一些消极影响。

1. 让孩子失去学习自信心

特别是那些在学习上付出很大努力的孩子，当发现一分耕耘并未立即换来一分收获时，他们会怀疑自己的学习能力，会失去自信，甚至想放弃努力。

温馨提示

孩子成绩不见起色，给孩子报课外补习班是家长常采取的策略。但是，报课外补习班需要征求孩子的意见，只有在孩子自愿且目的明确的情况下，补习才会有效果，否则，只会进一步增加孩子的学习负担，加重孩子的消极情绪。

2. 致使孩子学习倦怠或厌学

学习成绩总无起色，会让孩子对学习失去兴趣或缺乏动力，只要提起学习就感到厌烦，出现身心俱疲的心理状态。有的甚至产生了厌学、转而迷恋网络游戏等现象。

3. 诱发家长的急躁心态

看到孩子成绩总提不上去，家长容

易失去冷静，表现为，不能客观分析孩子情况，总认为可能是孩子不够努力；或者总是一味督促孩子，却不能给孩子一些科学而具体的帮助；或者忙碌着为孩子找家教、报各种辅导班，反而加重孩子学习负担，让孩子有更多的挫败感，导致孩子学习成绩的退步、自我评价的消极化以及情绪的低落等，影响孩子的健康成长。

教子有方法

● 保持耐心，尊重孩子的学习速度

有时孩子成绩暂时提不上去，可能是孩子在观察力、记忆力、思维力、想象力等方面发展不平衡。针对这样的情况，我们需要从孩子的实际出发，仔细分析，保持耐心，尊重孩子的学习速度。

1. 家长要消除急功近利的思想

尊重孩子的能力发展状况和学习速度，做好"打持久战"的思想准备。不要只盯着孩子某一次的考试成败，不能因为暂时看不到孩子进步就心急如焚，不要总想着：为什么孩子的每次考试都不进步呢？

2. 家长要科学认识考试的意义

要和孩子一起把每次考试都当作查漏补缺的机会，在考试后引导孩子认真分析存在的知识漏洞，陪伴孩子及时补缺。

3. 家长要理性分析孩子的学习特点

家长要通过观察分析以及其他科学手段（如学习能力测查等），帮助孩子找到成绩不见起色的真正原因。如有的孩子擅长动手操作内容的学习，有的孩子擅长阅读内容的学习，有的孩子擅长数字内容的学习，有的孩子擅长图形内容的学习。无论孩子属于哪种学习类型，首先要尊重孩子的特点，认同他在自己擅长方面的价值。当孩子在安全的、放松的家庭氛围中学习生活时，会逐渐将自己从事所擅长内容学习的习惯、方法、态度等迁移到当前学校要求的其他学科内容的学习之中。

家长的急躁情绪解决不了任何问题，只能让孩子在心理上产生更强的内疚感、失败感。真正接纳孩子的现状，冷静分析思考才是促进孩子发展的最有效的手段。同时要相信孩子的能力，尊重他们的学习节奏，只要孩子持续不断地反思并努力改进，成绩慢慢会提高起来的。

给予鼓励，欣赏孩子的努力过程

孩子成绩一时上不去，可能是在某些知识或技能方面的学习相对缓慢，此时孩子也非常着急和无助，最需要家长的鼓励和支持。家长对孩子进行鼓励时应该注重哪些方面呢？

1. 观察孩子的努力过程，多用描述性语言

例如，"今天你遇到难题没有放弃，最终经过努力，找到了解题方法，真棒！"

2. 对孩子缺少的行为进行鼓励

例如，对容易急躁的孩子说："今天你很有耐心！"而对拖拉的孩子要说："今天你做作业速度明显提高，这非常好！"

3. 表达时要强调优点，弱化不足

例如，孩子错题还是很多，家长要鼓励说："你的书写比以前认真多了，我看到了你的努力！"

4.提醒时采用肯定的语言，避免用否定语言

例如，"我明白，你在这个题目上努力了很长时间了！"而不是"这么长时间你怎么还没想出来"。

5.鼓励时也为孩子指出努力的方向

例如，"你的学习劲头非常足，想想你的学习习惯方面还有哪些需要改进呢？"

最后需要说明的是，家长在对孩子进行鼓励时，一定是从内心认同，并发自肺腑地进行赞扬。如果内心气愤，却假装表扬，这很容易被孩子察觉到，这样的教育往往是无效的，甚至会让孩子对家长产生不信任感。

他山之石

中国陶行知研究会赏识教育研究所名誉所长周弘先生的女儿是个聋人，可她16岁就成为中国首位聋人少年大学生，20岁留美攻读硕士和博士学位。周弘在接受记者采访时说："不是聪明的孩子被夸奖，而是夸奖使孩子更聪明。在适当的时机、适当的场合，可以无中生有、小题大做、无限夸张，以唤起孩子的自信心。"

● 分析原因，引导孩子寻找科学的方法

分数只是表面现象，我们需要费一番心思分析分数背后的影响因素。

1.分析孩子的学习水平如何

在基础知识、基本技能、综合能力等方面到底哪方面较弱，需要解决哪方面问题。

2. 分析孩子的非智力因素

在学习兴趣、学习习惯、学习方法、意志品质、情绪问题、责任心等方面，到底是哪方面存在问题，要找准原因。

3. 分析孩子的智力因素

成绩上不去，是不是有智力方面的原因，在观察力、记忆力、思维力和想象力等方面，哪个方面需要训练。

4. 分析孩子与老师的关系

例如，是否存在师生关系紧张是影响了孩子学习成绩的进一步提高的问题等。

如果家长能够从上述方面去分析孩子的学习状况，就不会只拿分数来说事儿了。通过分析，我们找到原因之后，对症下药，协助老师有针对性地采取措施，这样才能解决问题。

他山之石

2016年在巴西里约奥运会上，中国女排在"魔鬼主场"逆袭东道主巴西队。当所有人都在说"激励了一代人的女排精神是不是回来了"的时候，主教练郎平却说："其实女排精神一直都在。不要因为胜利就谈女排精神，也要看到我们努力的过程。单靠精神不能赢球，还必须技术过硬。"

❋ 克服倦怠，帮助孩子提升学习的动力

1. 对孩子要合理期望

有研究发现，成绩的取得和目标难度有直接关系：目标难度低，压

力小，动力也小，人人都能做到的"成功"并没有太大吸引力。但是，目标难度过大也并非好事，沉重艰巨的任务会带来过大的心理压力，导致紧张焦虑，甚至可能会丧失动力，同样让孩子无法取得好成绩。因此，家长对孩子寄予的期望要合理，应该结合孩子目前的学习状况和实际能力，对其合理定位，建立符合其实际的适当目标，切忌盲目与其他孩子进行攀比。

智慧语录

我的一生所主张的，就是对生活、对人们必须持积极的态度。

——高尔基

2.让孩子找到"学习并不难"的感觉

想让孩子摆脱学习倦怠感，有种方法就是帮孩子寻找"学习并不难"的感觉。比如，对成绩一般的孩子，提高学习成绩的关键在于对基础知识的掌握，而不是盲目地去挑战难题。一味做难题不仅耗时，能力得不到提高，同时还会产生强烈的挫败感。相反，我们可让孩子做以前做过的题，尤其是不太难却做错了的题，这样可确保做过的题会做，让孩子逐渐体验到"这些题目并不难""我都会做，并且都可以做对"的喜悦，这有助于学习信心的建立和巩固，从而逐渐克服厌学情绪。

3.用孩子喜欢的东西激发其干劲儿

每个孩子的喜好不一样。如果家长想培养孩子的某种良好行为，可以利用孩子喜欢的某种活动来强化该行为。如孩子不愿做作业，却喜欢看电视剧。我们可跟孩子商量，只要认真做完作业，就可以看电视剧。再比如，孩子不喜欢做作业，喜欢玩游戏，我们可以跟孩子商量，只要完成好作业，就可以玩玩游戏。这就充分发挥了孩子喜欢事物或

智慧语录

一个人的动力是与他的目标和志向紧密相连的。

——麦多克

活动的强化作用。这其实是一种契约型的强化程序，关键是家长一定要贯彻"诚信原则"，不能言而无信，答应孩子的事情一定要兑现。

4. 面对考试成败，引导孩子合理归因

孩子学习一时难有起色是常见的，如何归因会对孩子影响很大。有些孩子把失败的结果一概归于外部因素（如试题难度、运气等），这样就不能对自己的行为进行控制和调节，面对失败时会感到束手无策，从而也不会再尽最大努力去克服困难，改变现状。因此，要想让孩子战胜失败，提高自身的挫折承受能力，家长要引导孩子多从努力上找原因。如果成功了，确认自己的成绩与付出努力分不开；如果失败了，可引导孩子思考自己在哪些方面努力程度还有欠缺。这样，孩子会倾向于今后继续努力。如果把成败看作运气好坏所致，则孩子以后不会注重努力的价值，或者遇到困难，很容易放弃持续的努力。

亲子共成长

请阅读下面故事，然后与家人分享阅读故事后的感受及思考，特别是从学会赏识孩子的角度来谈对自己的启发。

一位母亲第一次参加家长会，幼儿园的老师说："你的儿子有多动症，在板凳上连三分钟都坐不住，你最好带他去医院看一看。"回家的路上，儿子问她，老师都说了些什么，她鼻子一酸，差点流下泪来。然而，她还是告诉儿子："老师表扬你了，说宝宝原来在板凳上坐不了一分钟，现在能坐三分钟。其他家长都非常羡慕妈妈，因为全班只有宝宝你一个

人进步了。"那天晚上，儿子破天荒吃了两碗米饭，并且没让妈妈喂。

儿子上小学了。家长会后，老师对她说："这次数学考试，全班50名同学，你儿子排第47名，我们怀疑他智力上有些障碍，建议你最好能带他去医院查一查。"回去的路上，她流下了眼泪。然而，当她回到家里，却对坐在桌前的儿子说："明明，老师对你充满信心。他说了，你并不是个笨孩子，只要能细心些，就会超过你的同桌，这次你的同桌排在第21名。"说这话时，她发现，儿子黯淡的眼神一下子充满了光亮，沮丧的脸也一下子舒展开来，她甚至发现，儿子好像长大了许多，第二天上学，去得比平时都要早。

孩子上了初中，又一次家长会。她坐在儿子的座位上，等着老师点儿子的名字，因为每次家长会，她儿子的名字都会在差生的行列中被提到。然而，这次却出乎她的预料，直到结束都没有听到。

她有些不习惯，临别时去问老师，老师告诉她："按你儿子现在的成绩，考重点高中还有点危险。"她怀着惊喜的心情走出校门，此时她发现儿子在等她。路上，扶着儿子的肩膀，她心里有一种说不出的甜蜜，她告诉儿子："班主任对你非常满意，他说了，只要你努力，很有希望考上重点高中。"

高中毕业了。第一批大学录取通知书下达时，学校打电话让她儿子到学校去一趟。她有一种预感，儿子被清华大学录取了。在报考时，她对儿子说过，她相信他能考取这所大学。儿子从学校回来，把一封印有清华大学招生办公室的特快专递交到她的手里，突然转身跑到自己的房间里大哭起来，边哭边说："妈妈，我知道我不是个聪明的孩子，可是，这个世界上只有你能欣赏我。"这时，她悲喜交加，再也按捺不住十几年来凝聚在心中的泪水，任它打在手中的信封上……

　　　　　　　　　　　　　　　　　　（摘自刘燕敏《智慧背囊》）

第 10 课
面对中考，家长比孩子还焦虑咋办

生活进行时

晓晓的烦恼：上初中后，因为贪玩，我的成绩一直在中游徘徊，爸妈也不太过问。但从我升入毕业班前的暑假开始，妈妈突然对我的学习关注起来，天天念叨，一个劲儿逼着我报补习班，说我再不学，就我这成绩肯定考不上重点高中。开学的第一周，学校进行了摸底检测，我的成绩不太理想。妈妈更着急了，一个劲儿地问我老师是否重视我，上课时老师是否经常提问我。妈妈还悄悄给老师打电话询问我在学校的学习情况。后来妈妈又多方打听给我找家教。她见了家教老师就急切

儿子啊，今天老师提问你了吗，老师讲的有没有听懂？

老妈，你这样让我好紧张听。

地询问："孩子现在努力还来得及吗？"我本来没觉得毕业班和以前有什么不同，对中考也没觉得有太大压力，认为只要努力，肯定没问题。可被妈妈这么一折腾，我也有点忐忑不安了……

妈妈的心声：孩子上毕业班了，老师说以他的成绩，考个高中没问题，我听了挺高兴的。可后来听朋友说，高中学校教学水平参差不齐，现在考个好高中比考个好大学还难，考不上好高中基本意味着与好大学无缘。我当年因为家里经济条件差，初中毕业就参加工作了。后来，因为我学历低，有几次职称晋升的机会都因为我学历受限而与我失之交臂了。现在条件好了，可不能让孩子再走我的老路。孩子上幼儿园、小学、初中，我们给他选择的都是周边比较好的学校。现在孩子读毕业班了，这一年太关键了，我得全力督促他学习，就盼着他能迎头赶上，争取来年考到市里的重点高中。可是孩子开学第一次检测，成绩就不理想，他却依然不紧不慢的，真是让人着急。我问老师，老师说他属于比较听话的，学习也有上升的空间，让我别着急，不用担心。可是，我哪能不着急啊，再有七八个月的时间孩子就要中考了。我给他找了家教，也不知道能不能见效……

心理直播间

上面的案例中，晓晓升入毕业班后，妈妈突然变得焦虑了，并且她的这种焦虑还"传染"给了孩子。家有中考生，家长缘何容易焦虑？作为家长，我们应该怎样做才能给孩子提供有益的帮助？

❀ 临近中考，家长焦虑的表现

●设置过高期待

●不停唠叨学习的事

●总是限制孩子

●过分关注成绩

❀ 家长焦虑的原因

1. "重普轻职"观念根深蒂固

好幼儿园→好小学→好初中→好高中→好大学→好工作，这是很多像晓晓妈妈一样的家长给孩子勾画的教育和发展蓝图。在大部分家长的眼里，孩子必须读一个好高中才能上一个好大学，毕业才能找一份好工作，职业教育被当成整个教育链条断裂后的无奈之选。很多家长认为，孩子读职业高中丢面子；孩子职高毕业后多数要到一线从事简单技术工作，会比较辛苦；职高与普高相比，生源相对较差，学习氛围不浓，家长担心职高教育耽误孩子的前途；等等。因此，家长要求孩子一定要上普通高中，并且要上重点高中。事实上，家长并没有根据孩子的实际能力水平和兴趣特长，指导孩子做出适合自己的选择。

2. "考好高中比考好大学还难"已成共识

晓晓妈妈的朋友说，"考个好高中比考个好大学还难"，这一观点已成为大众共识。根据山东省教育厅相关统计数据，2017年山东省的本专科录取率已经达到84.95%，可以说，进入普通高中就意味着一只脚迈入大学。而各地中考竞争则出现了"惨烈"景象。以济南、青岛等城市为例，据统计，每年初中毕业生中，有接近一半的孩子与普通高中无缘，优质高中竞争更是异常激烈。原本，高考是孩子人生中的第一次大考，而现在中考成为众多学子和家长眼中比高考还要"挤"的"独木桥"。由于高中教育不属于义务教育范畴，对于成绩好一点的学生来说，能否从愈演愈烈的中考竞争中脱颖而出，进入一个普通高中，甚至是教学质量好、升学率高的普通高中，寻求更好的学业发展平台，已经成为许多毕业生和家长关心的头等大事。加之根深蒂固的"重普轻职"的观念，更加剧了家长们的焦虑。

3. "弥补父母自身受教育遗憾"的想法加剧焦虑

孩子是一个家庭的希望，孩子的成长与发展牵动着父母的心，"望子成龙、盼女成凤"是大多数父母的美好愿望。身为父母，都希望自己的孩子能够接受良好的教育，全面发展。像晓晓父母的"我一定不让孩子吃我受过的苦""我的孩子绝对不能走我以前走过的弯路""我当年没机会上大学，我希望我的孩子能考上好大学"等想法，其实反映出部分父母所持有的"补偿心理"。这部分父母往往把自己无法实现的人生理想强加到孩子身上，强迫孩子按照自己设计的路线去成长，剥夺了孩子选择自己发展方向的权利。这样做很容易使孩子缺乏规划人生的动力和追求兴趣的勇气，在满足了父母的要求以后，孩子会由于失去目标而变得迷茫。例如，现实生活中一些孩子按照父母设计的路线考上高中、大学，毕业后却不上进、不工作，待在家里"啃老"，往往也与此有关。

教子有方法

孩子进入初中毕业班面临中考，家长重视是一种自然的态度，但过度的紧张与焦虑则会妨碍孩子的学习与生活。家长怎样做才能陪孩子一起顺利度过这一重要时期呢？

● 端正观念，正确认识中考

中考重要但并不决定命运。有的父母面对严峻的就业压力，认为中考是孩子成才的独木桥，考不上好高中就考不上好大学、找不到好工作，甚至一辈子都没有希望了。诚然，上好高中、好大学是走向成功的较好的途径之一。但每个孩子的能力倾向不同，有的孩子尽管在学习方面弱一些，但在其他方面却有较高的天赋。对于孩子来说，"适合的才是最好的"。其实，现在社会上技术工人非常短缺，近几年普通大学毕业生就业压力依然很大，但职业院校的毕业生却非常抢手，甚至没出校门就已经被用人单位预定，"蓝领"工资超过"白领"工资的现象也屡见不鲜。因此，进入职业学校学习，提前掌握一门技能，同样能找到一份好工作。

同时职业高中学生拥有两次高考机会，他们可以通过参加春季高考和夏季高考升入高校学习。走一条适合孩子的路，孩子的优势才能得到最大的发挥，人生才会更加精彩。

🌸 了解毕业班的学习状况，坦然面对

1. 毕业班辛苦但并不可怕

有的父母认为，孩子进入毕业班，就应该过炼狱般的生活才能实现理想。于是，父母就提前给孩子打预防针，让孩子觉得准备中考很难、很辛苦，考不好就要承担很多后果，必须有充分的心理准备才能"熬"过毕业班。这样做往往没有起到预警的作用，反而给孩子带来过重的心理负担，严重干扰了孩子正常的学习情绪。事实上，毕业班的课程进度快、任务重、考试多，这在客观上决定了毕业班确实会比以前更辛苦些。但同时，毕业班也是孩子心智快速成长的重要时期，孩子完全有能力承受这些压力，并且这也是孩子成长过程中必须要面对的。父母应认识到这一点，并把这种理念传递给孩子，和孩子一起坦然面对。

2. 引导孩子重视毕业班的课程学习

毕业班学习内容多、难度较大，中考时所占的比例最大。例如，数学中的函数、三角形、平行四边形等，物理中的内能与热机、电流做功与电功率、电流的磁场等，这些中考必定涉及的考点都是毕业班学习的重点，必须重视。还有新增的化学学科需要学生记忆的知识点很多，而且学生学习新课的时间短、速度快，必须基础知识和基本技能理解掌握了，复习时才能灵活运用，综合提升，获得高分。

3. 引导孩子注重基础知识的学习

中考试题设计力求比例合理、层次清晰、题量适当、难度适宜，难

易比例（基础、综合、拔高）一般为 7：2：1，对基础知识的考查占七成。因此，注重基础知识的理解掌握，稳扎稳打才是中考成功的王道。以数学为例，近年来由于课改的实施，考题越来越灵活，难题量有所降低，考题仍以大纲基础知识考查为主。

4. 提醒孩子规避"木桶效应"

一只沿口不齐的木桶，它盛水的多少，不在于木桶上那块最长的木板，而在于木桶上最短的那块木板，这就是"木桶效应"。

孩子的学科综合成绩好比一个大木桶，每门学科成绩都是组成这个大木桶不可缺少的一块木板。孩子有自己优势的科目，也会有比较弱势的科目。有些孩子因为喜欢或擅长某一学科，就特别专注于这一学科的学习，结果因为弱势学科的拖累，总成绩并不理想。此时，父母可以给孩子讲讲"木桶原理"，让孩子明白只有优势弱势一起抓，才能提高总成绩。特别要让孩子重视弱势学科的学习，多花些时间，当然也要注意方法，不要让它成为孩子前进路上的绊脚石。

知识长廊

如何引导毕业班孩子弥补弱科？

第一，明确目标，端正思想。补弱科的目标是短时间内提高分数，因此父母要引导孩子端正思想，补习弱科不能追求高分，要有所取舍。现实的目标是稳拿难度低的题目（基础题）的分数，集中力量突击难度中等和中等偏上题目的分数，放弃难度高的题目的分数。

第二，回归课本，夯实基础。孩子出现弱科，往往是由于基本概念混淆，定义理解不透、记忆不牢、应用不熟练，基本技能掌握存在缺陷。因此，我们要引导孩子对照考纲,回归课本,查漏补缺,及时弥补,这才是提高弱科分数最有效的办法。

第三,及时练习与纠错,巩固训练。在对照考纲、课本进行学习后,帮孩子选择一本高质量的习题集(最好是各地中考题组合的配套习题),用于检验知识掌握情况。一本能用精就好,不用贪多。如果有的题目做错了,孩子就要找到原因,复习相关章节的知识内容,改正做错的题,并且一定要完整地重做一遍或几遍,加深印象。孩子在弱科上更多地减少错误,就能得到更多的分数。

第四,克服畏难情绪,多做多问。有的孩子面对弱科,会有畏难情绪,在这种情绪下,容易焦躁,对于弥补弱科不利。父母要多鼓励孩子,帮孩子树立信心。最好的办法是和孩子一起商量弥补弱科的计划和策略,鼓励孩子从今天做起,从现在做起,从遇到的问题入手,多做多问,遇到一个问题解决掉一个问题。当问题越来越少时,孩子的成绩自然会有提高,孩子就会有信心了。

5. 跟上复习速度很重要

从毕业班第二学期开始,一般而言,除化学、物理少部分新的课程内容以外,大多课程进入复习阶段。中考之前,各科一般要进行二至三轮的复习:一轮全面夯实基础知识,二轮进行重点专题的复习与练习,三轮进行综合训练。几轮复习用时会越来越短,速度会逐渐加快,而跟上复习节奏,保证每一轮的复习效果非常重要。

6. 过程比结果更重要

大部分学校会在上学期安排一至两次月考、期中考试、期末考试;下学期除月考外,还有理化实验考试、体育中考和几次模拟考试。大大小小如此多的考试,孩子的成绩难免会有波动。作为家长不要太在意考试成绩,而要引导孩子把考试当作一种学习手段,利用考试对复习查漏补缺,更多地关注学习过程。

提升自我，陪孩子一起走过毕业班

1. 克服补偿心理和攀比心理

有的父母希望孩子实现自己年轻时没有实现的愿望，将自己的意愿强加到孩子身上，不顾孩子的实际情况，给孩子设定不切实际的期望，要求孩子取得好成绩，给自己或家族争面子，这是一种自私的心理状态。这样的父母，没有明确自己的行为边界，认为孩子也是自己的，没有将孩子作为一个独立的、不同于父母的、有自己发展轨迹的个体去对待和培养。

作为家长要克服自己的补偿心理与攀比心理，认识到孩子是一个独立的个体，他们没有承受这样沉重负担的责任。家长要引导孩子设定客观合理的目标，这个目标不宜过高，最好是孩子"跳一跳，够得着"的。比如，成绩下游的孩子，家长就不应该要求孩子短时间内进入前几名，也不要总拿前几名孩子的成绩来教育自家孩子，要引导孩子向中游水平努力，寻找成绩突破的方法，这样才有助于激发孩子的潜能，孩子也容易取得成功，体验到成就感。

2. 营造良好家庭氛围

孩子上毕业班了，家长要考虑到孩子这一时期的学习需要，尽可能地为孩子营造良好的家庭氛围。

● 有条件的话，孩子要有一个单独的房间，学习、生活用品齐全整洁，不要杂乱。

● 家长要加强自身的修养。尽量做到情绪平和、相处融洽、孝顺长辈、与邻里和睦相处等；要避免情绪不稳、满口粗语，家庭成员之间矛盾重重，或隔三岔五在家搓麻将、打扑克、喝酒。处在这样的环境中，孩子难免会受到不良影响，怎么能安心学习呢？

● 家庭作息要有规律，做好孩子的生活保障。家长可根据孩子的安排，适当调整自己的作息时间。孩子休息时间到了，家里还是灯火通明，家人还在看电视、大声聊天，孩子怎么能很快入睡呢？早上孩子要去上学了，家长还没起床，早饭也不做，孩子饿着肚子上学怎么能有精力学习？周末或节假日里，把孩子一个人留在家里奋战，家长自己溜出去玩，孩子能不满腹委屈吗？毕业班孩子的压力很大，心理会敏感甚至脆弱一些，此时家长的无声陪伴对他们来说就是一种温暖的鼓励。

● 管住嘴巴，停止唠叨！有的家长喜欢唠叨，认为这是在提醒和鞭策孩子学习。其实，唠叨只是家长缓解自身焦虑的方法，此时孩子需要的，不是一个"教育者"，而是一个"倾听者"，家长的唠叨只会给他们增加烦恼，对学习并无益处。所以家长们，如果你们已经意识到多说无益，为了孩子，请管住嘴巴，停止唠叨。

● 切勿"草木皆兵瞎打听"。有些家长总害怕孩子如果不"补课"就

温馨提示

毕业班孩子最不喜欢的 8 句话

1. 你是全家的希望，要好好学，争口气，咱家就指望你了。

2. 我怎么有你这么笨的孩子！

3. ××去年以第×名的成绩考上重点高中，你能像他一样就好了。

4. 考试了没有？第几名？又考砸了吗？

5. 家里的事情你啥都不用做，你只要好好学习就行。

6. 还不去看书？作业做好了吗？

7. 中考是决定你命运的大考，你一定要好好考！

8. 好好复习，千万别紧张，考试时要超常发挥！

不能取得好成绩，于是到处打听哪里有更好的补习班。这样盲目找家教的结果，往往扰乱了孩子正常的复习计划。家长可以先向孩子了解一下，在复习中孩子存在哪些问题，需要得到什么帮助。然后，可以到学校向老师咨询学校的复习计划和节奏，针对孩子存在的问题，请老师"出招"，帮助找到解决方法。这种做法可以更有针对性地让孩子认识到自己的缺点、漏洞，并及时有效地进行修正、弥补。

3. 关注孩子身心健康

进入毕业班，由于学习时间加长、考试频次增多、成绩起伏不定以及来自各方面的压力，个别孩子经常处于比较紧张的状态。这时，如果家长不能调节好自己的情绪，先焦虑了，就很容易将焦虑的情绪传递给孩子，进而引起孩子的情绪波动。而孩子种种的心理不适也会引发孩子的生理问题，比如失眠、身体抵抗力下降、肠胃不适、容易感冒等。

所以，家长不要过分关注孩子的考试成绩和名次，而应多关注孩子的身心健康。多与孩子沟通，鼓励孩子表达自己的情绪和想法，接纳和安抚孩子的情绪；帮助孩子安排合理的作息时间，保证充足的睡眠和健康的饮食，进行适当的运动和体育锻炼，做到劳逸结合。

4. 整合考试资源帮助孩子

随着素质教育的深入和新课改的推行，各地中考政策也处于不断调整和变化中，家长应在平时多留意中考动态，了解近几年和当年的招考信息。比如，这几年，有的学校会在毕业班选拔一些优秀的学生作为推荐生，可以享受免试升入重点高中的资格；有的地方会将高中学校的部分招生指标分配到各个初中学校，各学校可根据相应的具体政策筛选优秀的学生作为指标生；还有的地方在逐年加大普通高中招生计划；有的地方逐渐建立了比较完善的职业教育制度……家长可以在了解招考动态的基础上，根据孩子的实际情况，有选择地引领孩子。

整合多方资源，助力孩子学习。一般而言，孩子最为信服的老师更容易走进孩子的内心，也能更好地给孩子各方面的指导。当孩子在学习过程中遇到问题和困惑时，如果家长无法解决，可以与孩子喜欢、信任的老师沟通一下，恳请老师帮忙介入解决，或许会起到意想不到的作用。此外，可以鼓励孩子多与老师交流自己的感受与想法，也可以创造机会让孩子与好朋友以及学哥学姐等进行沟通交流，获得支持与帮助。

知识长廊

青少年积极发展的六条原则

我国心理学家张文新教授总结了青少年积极发展的六条原则：

1. 所有的青少年都具有积极成长和发展的固有能力。

2. 良好环境会激活青少年积极发展的轨迹。

3. 当青少年参与到多重的、"滋养发展"的关系、背景和生态中时，会进一步激发积极发展。

4. 所有的青少年都可以从良好环境中获益。例如，支持、授权、承诺对所有青少年来说都是重要的发展资源。

5. 社区(含学校环境)是青少年积极发展的关键"承载系统"。

6. 青少年是自身发展的主导者和创立积极发展的关系、背景和生态系统的主要动因。

家庭教育、学校教育和社会教育应该关注学生积极的心理发展，积极创设条件，培养学生的积极心理品质，而不是将重点放在解决学生发展的问题上。

亲子共成长

"疼爱孩子的七要点"，你做到了吗?

1. 我爱的是孩子本身，不是他的成绩或其他。我无法选择谁做我的孩子，但不管他什么样，我都要别无选择地爱他，不要去在乎诸如成绩、才艺那些附带的东西。

2. 我最想要的是身心健康的孩子。当我们见到一些有身体或心理疾病的孩子时，常常会说，谢天谢地，我的孩子是健康的。只要他健康，就是我们最大的幸福！那么现在我有一个身心健康的孩子，还要求更多吗？

3. 根据孩子的实际情况确定期望值，不要让孩子成为实现自己梦想的工具。

4. 用平常心看待孩子的成绩。孩子成绩不如别的同学，不是丢人的事情。只要孩子将来可以很好地做人，积极地工作，充满热情地生活，就值得骄傲。

5. 相信孩子能走好自己的路。社会充满竞争，但也充满机会，"条条大路通罗马"，相信孩子会找到合适的位置。

6. 没有必要过分关心、关注孩子。过分关心、关注会给孩子压力，要想办法为孩子减压。

7. 从容冷静地面对孩子的考试，别把自己的焦虑情绪传染给孩子。

第 11 课
中考临近，如何面对孩子的"一反常态"

生活进行时

小松妈妈：我和丈夫都是老师，且丈夫还是学校的中层领导，儿子小松学习成绩一贯优秀，老师、同事、邻居经常夸他聪明，都说他脑子好用，学习就跟玩儿一样，不用学都能取得好成绩。大家总这样夸他，使他有点飘飘然了。为保持住这种状态，他经常人前玩，人后学，晚上经常会学习到很晚。进入毕业班后，我们发现他每天都显得特别疲惫，几次考试的成绩都不是特别理想。最让我们吃惊的是，寒假过

女儿呀，快毕业了，不要把精力都放在打扮上呀！

妈，我会好好学习的，你就别操心了！

后，他竟然迷恋上了网络游戏。刚开始他只是晚上在我们面前毫无掩饰地玩，我们说服教育、打骂、哄说等各种方式都用上了，但就是不见效果，后来发展到他整天把自己关在房间里玩电脑，连学校也不去了。

小云妈妈：离中考只有一个多月的时间了，女儿却反常地整日捧着手机沉迷QQ、微信聊天，经常与男生通电话，而且格外关注穿衣打扮。所有的这些举动，她从不避讳我们，让我们很容易就觉察到她"恋爱"了。女儿平时成绩还算不错，我们都对她寄予了很高的期望，非常期待她能努力考上重点高中。但在如此关键的时刻，她却早恋了……

心理直播间

"一直乖巧、懂事的孩子为什么会突然这样？""平常那么喜欢学习的孩子为何一反常态地害怕上学？""为什么别人家的孩子不这样？"中考在即，面对孩子突然的、没有任何征兆的反常行为，很多家长都会迷茫、恐慌，甚至失去理智，多以简单粗暴的方式来处理孩子外显出来的上网、早恋等问题，没有耐心去探究孩子外显行为下的根源到底是什么，往往容易两败俱伤，甚至有的孩子还彻底放弃了学业。那么孩子做出的那些令家长难以理解和接受的行为背后到底隐含着怎样的真相呢？

接下来，我们先来听听上述案例中两个孩子的心声——

小松：其实我真的很苦恼，在别人眼里我是宠儿，是神童，可是只有我自己知道我不是那么优秀，也不是那么聪明。大家夸我聪明懂事，其实很多是看在爸爸妈妈的面子上来夸的。在这样的夸奖中我长大了，但是我付出更多的是：为了让大家相信我是聪明的，我偷偷牺牲了很多本属于玩耍、休闲的时间。没有人知道每次考试之后，我是多么害怕公布成绩，我不敢想象如果我考得不好，自己该怎样去面对家长、老师和同学，怎样去面对周围人的目光……

爸爸妈妈好像也习惯了别人对我的夸奖，对我的期待越来越高。为了不让他们失望，我只有更加勤奋，更加努力。可是我的精力也是有限的，我感觉自己就像是一只高速运转的陀螺，一刻也不能停下来……但我真的很累，真的装不下去了，也真的支撑不下去了。无奈之下我只能用疯狂地玩游戏来掩饰自己的惶恐，这样下去，一旦我的成绩不好了，大家会认为不是我脑子不好用了，而是由于玩游戏造成的。

小云：其实我并不是真的在"谈恋爱"。我知道快要考试了，也知道爸爸妈妈不容易，他们辛辛苦苦地工作都是为了给我创造更好的生活环境，他们把自己的梦想和希望都寄托在我身上，但我更知道自己即使再勤奋，再努力，也达不到家长的要求。我几次想跟家长好好谈谈，可是每次不容我开口，他们不是说我胡思乱想，催着我去学习；就是说我"没出息"，不能吃苦。离中考越来越近了，我害怕一旦考不上重点高中，家长会何等失望。而且每天我都被这样的想法困扰着，根本就学不进去。我实在不知道该怎么办了？最后决定用这种方式提前让他们有个心理准备……

两个孩子的心声或许出乎很多家长的意料，问题的根源竟来自于焦急的家长。由于家长教育观念的偏差，孩子成为无辜的受害者。

我们认真梳理这两个案例，不难发现，孩子行为出现异常的主要根源是家长的目标期待远远超出了孩子的实际水平，孩子再努力也可能达不到。而且这些家长一般对孩子管教严格，亲子之间缺乏有效沟通交流，孩子往往只有服从。孩子感到压抑，缺少自主、自由、乐趣。在这样的状态下，越临近目标要求达成的时间，孩子的恐惧焦虑就越严重。他们就如强弓之弩，只要稍微遭遇到强刺激、挫折或打击，如考试成绩稍有下滑、被老师当众批评等，都可能成为孩子行为出现异常的导火索。

教子有方法

孩子异常行为背后的原因揭秘，让我们不得不静心思考，重新审视和调整我们的教育观，采取科学的、切实有效的教育方法，尽量避免和预防类似事件的再发生。当家长看到孩子"一反常态"时，首先要了解孩子非常态表现背后的原因，要知道这是孩子为了保护自己而采取的非常态的认知方式和情绪表达方式，要知道孩子遇到困难了，要知道这时的孩子非常需要成人的理解与帮助。

● 设定合理的目标要求

作为家长，对孩子的成长寄予目标期待，提出目标要求是必要的，也是合乎情理的。但是家长在为孩子设定目标要求时，一定要基于孩子的实际情况。一旦家长的目标要求超出了孩子的能力水平，让孩子觉得家长的目标要求可望而不可即时，就会严重影响孩子的身心健康。上述案例中的家长，就是由于对孩子的期望值太高了，使孩子觉得再怎么努力也无法达到家长要求，无奈之下选择了逃避。

教育心理学家认为，对孩子提出恰当的期望和要求，更容易产生良

好的"期望效应"。根据维果斯基的
"最近发展区"理论和量力而行的原
则，为孩子量身设定一个"跳一跳"
就能够实现的目标，是最有利于孩子
成长的。比如，孩子当下一段时间的

在孩子达到
目标的过程中，要
允许孩子的成绩
存在波动。

某学科成绩一直在70分上下波动，我们就不要不切实际地将90分设定为
目标要求。倘若经过努力，孩子几次都达不到这一目标要求，自信心就
会备受打击。若家长将目标要求定位在80分上下，通过孩子的努力加上
家长的鼓励、帮助，这个目标或许能够实现。孩子实现目标的成功体验，
加上家长的表扬与肯定，会给孩子更多的信心和希望。在此基础上我们
继续将目标要求逐步提高，把孩子成长的点滴进一步化整为零，我们的
高目标期待最终一样会实现。

知识长廊

维果斯基"最近发展区"理论

　　心理学家维果斯基提出了一个儿童发展的核心概念"最近发展区"。为
实施有效的教育，他认为教育者需要确定儿童发展的两种水平：一是儿童已
经达到的发展水平；二是可能达到的发展水平，可能达到的发展水平是指儿
童在他人帮助之下能够达到的发展水平。这两个水平之间的一段差距就是
维果斯基所说的"最近发展区"。

　　维果斯基的观点启示我们教育孩子时，需要发现孩子的最近发展区，设
立恰当的目标，目标太低，接近于现有水平，对孩子来说缺乏挑战性，但如果
目标过高，超出了孩子的努力可能达到的范围，则会让孩子产生焦虑，久而
久之也可能会产生无助感。

他山之石

　　1952 年 7 月 4 日晨，美国加利福尼亚海岸笼罩在浓雾中。在海岸以西 21 英里的卡塔林纳岛上，34 岁的弗罗丝·查德威克开始了挑战游泳横跨海峡的目标。如果挑战成功，她将是第一个游过这个海峡的妇女。在此之前，她是从英法两岸游过英吉利海峡的第一位妇女。但是经过 1 小时 55 分钟之后，她放弃了这次冲击。其实，她放弃挑战的地方，距离加州海岸仅有半英里。事后，弗罗丝说，令她半途而废的不是疲劳，不是寒冷，而是在浓雾中看不到目标，看不清前进的方向。由此可见，目标在前进的关键时刻是非常重要的。

　　家长在给孩子设定恰当的目标期待的同时，也需要引导孩子学会主动为自己确定人生目标、成长目标，并教给孩子目标管理的小策略，这样更有利于孩子的自主发展。

　　首先，让孩子知道目标对人生有巨大的导向作用。成功，在一开始仅仅是个人的选择，选择什么样的目标，就会有什么样的成就，有什么样的人生。人与人之间成功与否的根本差别并不在于天赋、机遇，而在于有无目标。目标对人的发展至关重要，它能不断地帮助我们在迷茫困惑时调整发展方向。

温馨提示

小目标的特征——
- 具体
- 可操作
- 有严格的时间限制
- 经过努力能够实现

　　其次，引导孩子确立远大目标。我们都有这样的体验，如为自己确定了一个"一公里的走步"目标，在完成 800 米时，便有可能感觉到累而放松自己，以为反正快要到目标了。但如果目标设定的是要走十公里路程，这时我们便会做好充分的思想准备和物质准备，调动各方面的潜在能量，这样走完七八公里后，才可能会稍微放松一点。可见设定一个远大的目标，可以发挥人的巨大潜能。

家长在帮助孩子确定远大目标的同时，同样要遵循维果斯基的"最近发展区"理论和量力而行的原则，教会孩子将远大目标分解成一个个近期小目标，各个击破，最终实现终极目标。很多时候，我们之所以感到困难不可逾越，成功无法企求，是因为觉得目标离自己太过遥远而产生畏惧情绪。

确保沟通渠道畅通

回归上述案例，如果案例中的主人公与其家长保持着良好的沟通状态，那么他在遇到困难与挫折时，会在第一时间向家长求助，之后的种种错误或许就都不会发生。与孩子之间建立良好的沟通习惯，保证沟通渠道畅通，这不仅是孩子的心理需求，更是家长的需要。因为与孩子真诚地沟通与交流，能帮助家长便捷地了解孩子每天在想什么，做什么，及时地发现孩子的思想困惑，有的放矢地进行引导和教育。

那么家长应该怎样做，才能让亲子沟通真正地顺畅起来呢？

1. 不做"领导"，做"朋友"

把尊重作为开启亲子沟通大门的金钥匙。如果之前很少和孩子沟通或沟通已经出现障碍，不要有顾虑，只要从现在开始，放下所谓的面子，以尊重孩子为前提，平等地和孩子交流，相信家长只要坚持去做，肯定会有意想不到的收获。

温馨提示

真诚沟通很重要！下面是一位初中生的心里话，不知家长们看到后是否会有所触动，有所反思，有所改变。"我的爸爸妈妈简直太聪明了，无论从什么话题开始，都能够绕到学习上！"

在生活中家长可以尝试着这样做：晚饭后，关切地了解孩子和同学之间发生的趣事，请孩子讲讲在学校里一天的见闻，说说一天中最得意的事情，也谈谈今天有什么不开心的事情。我们要快乐着孩子的快乐，分担着孩子的烦忧。这样孩子会很愿意敞开心扉，和你倾心交谈。切记不要只谈"学习"的相关话题。

2. 不做"皇帝"，做"宰相"

对孩子反映的不良行为、表现和思想，不要急于做评判，不要以训导者的身份对孩子的行为指手画脚，否则只会换来孩子的对抗、逃避或敷衍了事。在此，建议家长对孩子的想法和感受，无论对与错，都先照单全收，不要急于做评判，不要想当然地发表自己的观点，要巧妙地利用合适的机会自然地将自己的看法说出来，我们要注意保护孩子与家长沟通的兴趣。

3. 不做"法官"，做"律师"

有些家长看到孩子出了问题，便迫不及待地当起了"法官"，这是很危险的。要像"律师"对待自己的当事人一样，了解其内心需求，并始终维护其合法权利。交流中要鼓励孩子表达自己的意见和看法，鼓励孩子争辩，不要对孩子的问题有问必答。尽可能地提供给孩子自我展现的平台，这一方面能够培养孩子独立思考的能力，另一方面有助于孩子健全的人格发展。

4. 不做"保姆"，做"引路人"

鼓励孩子做自己的问题专家。随着孩子年龄的增长，家长应该鼓励引

温馨提示

孩子如果生活在批评中，他就学会了谴责；如果生活在鼓励中，他就学会了自信；如果生活在讽刺中，他就学会了自卑；如果生活在恐惧中，他就学会了忧虑；如果生活在认可中，他就学会了自爱。

导孩子做自己的问题专家，自己的问题自己解决。有位教育学者曾提到了这样一个观点：学习就是学走路。确实，人的学习就和学走路是一样的。我们不能总是抱着、扶着孩子走路，要引导鼓励他自己学会走路。孩子解决问题的能力的培养也同样如此。生活中他遇到的问题会很多，我们不可能都帮他一一解决。鼓励引导孩子做自己的问题的主人，学会自己的问题自己解决，这才是家庭教育的真谛。

5. 要有一个开放的心态

在与孩子沟通交流中或许会遇到这样的情况，孩子会尖锐地指出你的问题，与此同时你却感到自己的权威受到了莫大的挑战。这时请保持冷静，一定不要激动地为自己的过失或错误做辩解，不要以家长的权威为自己做无理的辩解，否则教育成效很容易消失殆尽。家长要保持一个开放的心态。事实上，在伴随孩子成长的过程中，家长也是在不断学习，不断成长，不断进步的。

❋ 适当进行挫折教育

孩子的成长过程不可能是一帆风顺的，总会磕磕碰碰，出现这样或那样的问题，遇到这样或那样的挫折。如果家长在日常生活中能够适时适当地对孩子进行挫折教育，那么孩子在挫折、打击面前就不会无助，不会逃避与退缩。当孩子遭遇挫折时，家长到底应该怎样做呢？

1. 要学会判断孩子是否遭遇挫折

做教育的有心人，细心观察孩子是否有如下的表现：

● 焦虑。常常表现为烦躁不安、厌食、失眠、健忘、喜怒无常等症状，并伴有恐惧和不安。

知识长廊

挫折是指当个体从事有目的的活动过程中遇到障碍而受到干扰致使个人的目标不能实现、需要不能满足时的紧张状态与情绪反应。它是一种主观感受，因人而异。

所谓心理耐受力是指当个体遇到挫折时，能积极主动地摆脱困境并使其心理和行为免于失常并尽快恢复的能力。

● 直接攻击。对引起挫折的人或物直接发起攻击，如怒目而视、开口骂、动手打等，以解心头之恨。

● 间接攻击。撕本子、摔文具或在同学中间无端地发泄，把攻击目标指向与产生心理挫折毫不相关的人或物上，寻找"替罪羊"。

● 冷漠。表面上漠不关心、无动于衷，实际上内心在压抑愤怒情绪。

如果孩子有以上多个外在表现时，我们要特别关注，孩子可能遇到并正在经受挫折。

2. 与孩子共同抗击挫折

● 告诉孩子挫折人人都会遇到，缓解孩子的紧张情绪。家长可以自我开放，与孩子分享自己抗击挫折的经历。这样做一是帮助孩子认识挫折是一个人成长过程中必然会遇到的；二是让孩子学会遭到困难挫折后主动向家长求助；三是让孩子清楚地认识到，由于能力、客观条件等的限制，每个人都不可能总是成功，遭遇挫折是正常的。

● 不要否定孩子，也不要让孩子自我否定。孩子遭遇挫折，已经非常沮丧、痛苦和自责了，家长这时候更不要一味地否定孩子，特别是不要用"你真笨"这几个字来否定孩子。因为这三个字对孩子的自信心无疑是致命的打击。请记住：任何人都有不懂的问题，不会做的事情，不能及的目标。

● 既然挫折在所难免，那么当孩子遇到困难挫折的时候，重要的是家长要尽量陪在孩子身边，帮助孩子学会厘清思路，分析失败的原因，找到最佳的应对策略。

● 精心呵护孩子的自信心。当发现孩子因某件事遭遇挫折、受到打击时，就要有意识地让孩子去做一些力所能

温馨提示

挫折对个人来说具有"利"和"弊"两重性。"利"者，它能够引导人不断提高认识和能力，增长才干。古人说"吃一堑、长一智"就是这个道理；"弊"者，它能使人内心痛苦、情绪紊乱、出现行为偏差，甚至引起身体不适症状。对挫折的两重性的认识，有助于一个人在挫折面前采取理智的、积极的态度。

及且能够完成的事情，同时注意及时对孩子进行肯定。孩子的每一次成功，都会增强孩子的自信心，孩子会更愿意去尝试具有挑战性的事情，锻炼和提高心理耐受力和办事能力，增强自信。

亲子共成长

家长的期望对孩子的成长有很大的影响。我们能否挖掘其中的正向力量，来促进孩子的成长呢？

古希腊有一位技艺超群的雕刻师，名叫皮格马利翁。他用一支洁白如玉的象牙，雕刻出一位美如天仙的少女加拉蒂亚。皮格马利翁深深地爱上了她，日夜祈求神将雕像变成真正的少女，和他成为终生的伴侣。最后精诚所至，神被皮格马利翁的痴情所感动，于是将雕像变成少女。皮格马利翁和加拉蒂亚终成眷属，永浴爱河。皮格马利翁与加拉蒂亚的

故事，后来成为心理学上广被研究与讨论的主题：皮格马利翁效应。

所谓皮格马利翁效应，就是期望的应验：当我们对自己有所期望时，这个期望总有一天会实现，这就是所谓的"自我应验预言"；当老师对学生有所期望时，这个期望总有一天也会实现，这就是所谓的"教师期望"；担任管理者的主管，对员工也有他们的"主管期望"，这便是职场中的"皮格马利翁效应"。那么它在家庭中又该如何运用呢？它对家长对孩子发展的期待有何启发呢？

在这个神话的基础上，美国著名心理学家罗森塔尔和同事进行了一项有趣的实验研究。他们来到一所学校，对学生进行一番测试之后，向学校提供了一份学生名单，并告诉校方：他们通过测试发现，这些学生有很高的天赋，只不过能力尚待开发。其实，这是从学生的名单中随机抽取出来的几个人。有趣的是，在学年末的测试中，这些学生的学习成绩的确比其他学生高出很多，同学关系、师生关系都更为融洽。研究者认为，这就是教师期望产生的影响。由于教师认为这些学生是天才，因而寄予他们更大的期望，在上课时给予他们更多的关注，通过各种方式向他们传达"你很优秀"的信息。学生感受到教师的关注，因而产生一种激励作用，学习时加倍努力，因而取得了好成绩。这种现象说明教师的期待不同，对学生进行影响的方法也不同，学生受到的影响也不同。

生活中，家长要给予孩子充分的信任、鼓励和期待，积极关注孩子的优点和长处，而不是不足之处。在孩子取得点滴进步时就及时给予肯定，强化孩子内心对自己的信心，孩子会朝着你的正向期待更加努力地学习和做人，进步会越来越大。期待孩子成长的过程是漫长的，而且在一开始时孩子的进步可能不很明显，因此需要我们保持强大的耐心。只要我们坚持努力，悉心观察，积极拥抱孩子的每一点进步，耐心地，更加耐心地等待，结果常常会出乎我们的想象：孩子真的很棒！

第 **12** 课
规划中考结束后的生活

 生活进行时

中考尘埃落定，几个刚参加完中考的孩子凑在一起谈起即将到来的暑期生活安排。

晓东说："听说上高中很累，我打算利用这个假期好好玩一玩，玩他个昏天暗地！"

"是啊，我也打算疯狂地玩上些日子，尽情地打游戏、看电视，彻底地放松。"陈阳附和道。

东兰说："听说高中的学习会很辛苦，所学的知识比以前更难了，我现在心里特别没底儿。我想还是提早把高中的课本借来预习一下。"

儿子啊，要不你先预习下高一的知识吧。

老妈呀，好不容易中考完了，你让我好好玩玩游戏吧！

"是呀，我也有这样的想法。我已经借来了高一的物理课本，先熟悉一下，省得到时候跟不上。"洪林认同地说道。

几位同学的想法道出了许多准高一新生内心两种不同的声音：一种是暑期生活以放松娱乐为主，另一种则以学习作为暑期生活的主旋律。那么家长对于孩子的假期生活，又有怎样的想法呢？我们来听听一位家长的心声。

"我的孩子经常上网到三更半夜，说他根本就不听。这样放松下去，我担心孩子进入高中后难以适应。因此，我决定为孩子报个衔接班或暑假素质训练营。"宋涛妈妈如是说。

宋涛妈妈的话道出了很多家长的担心，也反映出家长跟孩子就暑期生活安排问题存在的一些冲突。中考过后，长达两个多月的暑假，给不少学生家长出了一道管理孩子的难题。孩子的心理面临着怎样的变化？作为家长，我们是否有必要指导孩子规划他们的暑期生活？是"放养式"管理，还是"勒紧缰绳"？怎样引导孩子合理有效地度过这段初高中衔接的"黄金期"？带着这些问题，我们一起走进孩子的心灵，了解这段让很多人迷茫的衔接期。

心理直播间

中考结束到高一新生活开始的这一段时间，迷茫、困惑、焦虑的不仅仅是孩子，更有千千万像宋涛妈妈一样的家长，如何把握学习和玩乐之间的度？如何让孩子在这个假期里既能得到放松又过得有意义而不至于放纵？

初升高的学生有着这个阶段一些独特的心理特征，他们要面临着诸多的心理变化，同时高中教育的独特性也对他们的各方面能力提出了新的要求。作为家长，我们有必要提前了解孩子在这个阶段将要面临怎样的心理变化，同时还要了解初高中教育的联系与差异，这样我们才能更好地帮助孩子顺利度过这段初高中衔接的"黄金期"。

✳ "考后真空期" ——中考后孩子的心理特点

随着中考的结束，很多初中毕业生像晓东一样选择以放松的方式来面对考后的这个假期，他们称之为"考后狂欢期"。在经历了长时间的精神高度紧张和极大的压力感后，很多孩子陷入了不知所措的无限放松中，这种较大的心理落差容易引发孩子各种各样的心理问题和行为问题。

心理学上把中考结束后到"等待被学校录取"的这段时间称为"考后真空期"。在等待的过程中，一些孩子要承受因考试成绩和自己的预期有较大差异而产生的焦虑和自责，又要承受因等待录取而产生的心理煎熬，同时还要面临周围人的各种"关心"和询问。

中考后学生常见的不健康心理大致有四类：

1. 放纵心理

像晓东一样，这部分学生占相当大的比例。考后适度放松本来无可厚非，但是很多学生选择了近乎疯狂的发泄方式——暑期疯玩疯睡，晚上不睡，早上不起，整天看电视、玩游戏，醉迷网吧，得了假期综合征。上了高中，开学后较难尽快适应高中的生活，上课迷迷糊糊，学不进、听不懂……这种无节制的行为对孩子的身心健康皆有着消极的影响。

2. 抑郁心理

随着分数的公布及分数线划定时间的临近，很多孩子出现了抑郁、烦闷等心理困扰，部分有抑郁感的孩子表现为吃不好，睡不好，情绪低落，自怨自艾。

3. 茫然心理

对于很多习惯了被老师和家长推着走的孩子来说，随着压力的释放，会产生一种无所适从的茫然感觉。

4. 焦虑心理

特别是针对那些平时学习成绩不稳定，容易患得患失的孩子来说更容易引发焦虑心理。

● "新生适应期"——高一新生的心理特点

对于升入高中的孩子而言，高中阶段是他们人生一个新的起点。他们在这个新的起点中将面临诸多的考验。从课程设置、学习内容、学习方法到人际关系、身心发育等方面，他们都将面临许多新的人生挑战，对高中的学习和生活容易产生不适应感。这些不适应主要表现在四个方面。

1. 生活环境改变引起的心理困扰

在新的学习环境中，很多孩子会感到不适应。一些孩子来到新的集体，面对新的环境、新的老师与学习伙伴，渴望交际但由于缺乏经验技巧，会产生不知所措的紧张心理，较难快速融入新环境。

2. 学习要求提高引起的心理困扰

学生的学习内容从初中到高中是个从量变到质变的过程，高中的学习内容整体呈现知识量增大、理论性增强、系统性增强、综合性增强、能力要求增加的"5增"趋势。高中的学习广度、深度和难度较初中上升到新的阶段，跨度很大，特别体现在数学、英语和物理学科，很多孩子甚至出现了不及格的情况，这个时候家长和孩子都很困惑。其实症结就在于孩子的综合学习能力急需提高。有些孩子会感到顾此失彼、手忙脚乱。一些孩子对学习上的困难估计不足，出现紧张、忧虑和恐惧等情绪。一些孩子由于习惯了初中时候的被动式学习，学不得法，主动性较差，成绩往往不如人意，于是自信心受挫，更感到迷茫、困惑，进而怀疑自己的能力水平，产生自卑感。

温馨提示

家长需要根据不同时期孩子的心理特点和发展需求，在生活、学习上对孩子进行指导和帮助，让孩子在这个假期做到张弛有度，从身心方面做好调整，为即将到来的高中生活做好前期准备。

3.压力和竞争改变引起的心理困扰

进入高中，竞争变得更加激烈，原来在班级名列前茅的孩子，很有可能不再拔尖，加上学习内容、形式、方法，都发生了很大的变化，孩子普遍觉得学习压力大。当入学后的几次考试都没考好时，往往容易怀疑自己的能力。

4.青春期身心发育带来的心理困扰

高中阶段的孩子对自身的生理变化依然敏感，他们关注自己的外表，常会因外表的一些不足而感到羞怯和自卑，情绪缺乏稳定性；与此同时，他们的心理尚未成熟。这种生理成熟与心理尚未完全成熟的矛盾，容易让他们在产生较强自主意识的同时，又受到自主能力不足的制约。

面对高中新的学习与生活的挑战以及自身的发展需要，多数孩子在经历短暂的调整之后能够顺利适应。这些良好适应与孩子自身的环境适应能力密切联系在一起，家长需要对孩子自身的环境适应能力有着较好的了解，并为提高孩子的环境适应能力创造条件。

● 初高中教育的差异性

高中教育是初中教育的继续和深入，这一阶段无论是在教材、学习对象还是在教学要求等诸多方面都与初中教育有着明显的差异。

1. 高中教育的整体特点

高中教育知识量增大、难度加大、知识的抽象概括性比初中高得多、学习进度快。

2. 高中教学对学习能力的要求

高中时期的学习要求学生的思维要从经验性向理论性转变；学习方式以模仿和记忆为主转向理解和应用为主，要求学生要有更强的分析、概括、综合、实践的能力。同时，高中教育要求学生有很强的自主学习能力，学会主动学习。

家长和孩子要提前了解初高中教育的这些差异，认识到初高中衔接期的重要性。家长可以引导孩子做好暑期的各种安排，在进入高一之前提前对高中课程有一个大概的了解，也可引导孩子进行适当的预习，这样可以避免在升入高一后，由于知识跨度大和教学进度快等导致的"跟不上学习进度"的问题出现，同时也适当减缓孩子在进入高中后由于多种不适给心理上带来的冲击。

教子有方法

从中考后的"真空期"到高一新生的"适应期"，每个阶段孩子都有着不同的心理特点。结合不同阶段的心理特点，家长可以给予孩子不同方面的指导。

❀ 健康度过"考后真空期"

1. 主动和孩子沟通，了解孩子心理并进行一定的疏导

如果发现孩子过分放松，要耐心跟孩子做好沟通。这个时期，管制不是办法，疏导才是妙招。家长要适当干预孩子的日程安排，提出合理的建议，不能抱着"孩子很累，要好好补偿"等想法放任不管。同时要学会给孩子"填空"，暑期前期可以放松为主，安排好作息时间，不要打破正常的生活规律，并且让假期过得有意义。可进行适当的体育锻炼，增强体质，为三年的高中生活做好准备；可以补充课外知识的缺失，如看看杂志、报纸，阅读一些课外书籍等；还可以鼓励孩子多与朋友交往。要特别关注那些在考试中发挥失常的孩子，抽出时间多陪陪孩子，以丰富的生活和浓浓的亲情淡化孩子的心理焦虑。

温馨提示

孩子暑期放松不能放纵，家长要适度引导。孩子若放纵玩乐，不讲节制，会造成身心疲劳，影响健康。而且放松太久，会形成"开学综合征"，上高中后在短期内较难适应紧张的学习节奏，影响高中入学的学习适应。

2. 出门旅游，放松心情增长见识

"读万卷书，行万里路。"在条件允许的情况下，还可以带孩子去旅游。假期旅游，不仅放松孩子的心情，丰富孩子的生活阅历，而且是一个增进家人感情的良好机会。同时，家长可以充分利用旅游的资源，让孩子更多地参与到旅游过程当中，包括让孩子自己设计行走线路、准备物品、预算费用、预订宾馆、确定当地的观光旅游景点和饮食……这些

不仅可以锻炼孩子的规划能力，还能提升他们应对突发问题的能力。在旅游途中，家长可以借助一些景点的典故、传说，讲一些名人成长励志故事。

3. 选择具体且有意义的活动

适度放松后，家长可以考虑与孩子一起制订一个假期计划，利用长假做一些孩子较感兴趣又没时间做的有意义的事。比如，可以去报一个电脑学习班，接触一下信息网络技术。图书馆、博物馆等文化场所也是消遣的好地方，既可以让孩子了解许多课堂上涉及不到的知识，丰富自己的文化知识，也可以放松心情、陶冶情操。还可以鼓励孩子适当参加一些自己感兴趣又能锻炼意志品质的体育运动，如跆拳道、武术、游泳、球类运动等。这些体育运动，既可以锻炼孩子的意志和体能，又可以促进他们与同龄人的交往和接触。也可以让孩子多接触社会，多增加一些社会实践经验，比如让孩子参加志愿活动，去一些企业单位参观见习，这对于孩子综合素质和实践能力的提高很有帮助，也能帮助孩子今后更好地适应社会环境。

4. 赋予孩子一些力所能及的家庭责任

繁重的学习、考试，往往使一些孩子缺乏时间、精力和主动意识去承担责任，这对于他们的未来人生发展是不利的。对于这方面缺乏的孩子，中考之后，家长可以有意识地给孩子提供一些锻炼生活技能、承担家庭责任的机会。这个阶段的生活技能和自理能力的锻炼特别重要，因为即将开始的高中寄宿生活对很多从未做过家务活的孩子来说是个较大的挑战。家长可以利用这个假期，让孩子参与家庭事务管理，从收拾床铺、整理衣物到洗

智慧语录

一个人要是没有热情，他将一事无成，而热情的基点正是责任感。
——托尔斯泰

衣、扫地等基本家务活都可以放手让孩子来做，提升孩子的自理能力，让孩子为高中寄宿生活顺利过渡做好心理和能力方面的准备。

● 为高一新生"适应期"做好准备

1. 要理性接纳考试结果，用心理解并真诚陪伴孩子

顺利度过近半个月的"考后真空期"后，也到了中考成绩揭晓的时间，而这段时间往往也是孩子心理波动最大的时候。家长要特别关注孩子在这个阶段的心理变化。既然考试已经结束，成绩理想也好，不理想也罢，都已经成为不可改变的事实。家长首先要调整好自己的心态，接纳事实，理性分析，帮助孩子分析现状，尽早地与孩子一起对未来的学习和生活进行规划。面对着或喜或悲的中考成绩，孩子们可能会出现自满或自卑的心理。家长要跟孩子一起探讨，让孩子认识到，一味地沉浸在喜悦之中，忽视了假期的学习充电，会让自己原地踏步，甚至可能因骄傲而退步；相反，一味地因成绩不理想而懊悔，不能树立重新开始的信心，也许未来就真的没有希望了。家长要鼓励他们对未来充满希望，以最佳的状态应对未来的生活。

2. 适当地为孩子提前做些知识和心理铺垫

刚刚经历了中考，很多孩子沉浸在紧张后的轻松里，但是学习确如逆水行舟，不进则退，稍一放松，可能就会给自己的高一学习制造麻烦。所以，家长要引导孩子提前做好知识铺垫。一方面可以让孩子提前自主预习高一新课本，或者选择合适的"初升高衔接班"，提前学习高中知识，减少因知识跨度过大而带来的过多不适应。另外可以让孩子主动向学长、老师或周围的人了解初中和高中的差异，通过聊天，预知自己未来的高中生活。

3.对孩子进行"非智力因素"的培养，特别是增加孩子的抗挫折能力

从统计学的角度来讲，68%的人的智商是处于正常水平的，16%的人的智商处于超常水平，因此我们周围大部分人的智商都是处于正常水平，包括我们的孩子。那为什么智商大致相同的人成年之后对自己、对社会做出的贡献差异较大呢？心理学研究发现，非智力因素起着非常重要的作用。

知识长廊

青少年积极发展的 5 个特征

心理学家提出了青少年积极发展的 5 个特征：

1. 能力（competence）。指个体在社会、学业、认知、健康以及职业方面的优良表现。

2. 良好的社会联系（connection）。与他人（同伴、家庭等）或机构（学校、社区等）建立积极的联系。

3. 良好性格（character）。遵守社会或文化规范、行为表现良好、有是非观念、诚实。

4. 信心（confidence）。拥有积极的自我价值感和自我效能感。

5. 爱心、富有同情心（caring、compassion）。对他人有同情心，有移情能力。

如果青少年具备了这 5 个特征指标，那么通常会获得第 6 个"C"，即"贡献"（contribution）——对自己、家庭、社会有所贡献。

看到心理学家提出的青少年积极发展的5个特征，作为家长的你有何启发，准备培养孩子的哪些积极特征呢？

教育学家顾明远先生指出，"基础教育最重要的任务，一是培养学生的兴趣和爱好，二是培养学生克服困难的意志和毅力。有了这两样，可以无往而不胜。""兴趣和爱好""意志和毅力"都属于非智力因素。

家长可以在日常关注孩子非智力因素发展的同时，充分利用好假期，培养孩子的学习兴趣和良好的意志品质。

4. 入学前一个周，从细节处进行调整

家长可在高中入学前的最后一周引导孩子调整作息时间，让孩子按照高中的作息时间要求自己，逐渐适应高中的学习和生活规律。同时，家长可以在这几天带孩子到新学校走走看看，熟悉新学校的环境，感受一下高中的生活。

亲子共成长

约翰·戈达德的"人生目标"

美国西部的一个乡村有一位清贫的农家少年。每当有闲暇时间，他总要拿出祖父在他8岁那年送给他的生日礼物——那幅已被摩挲得卷边的世界地图。他的目光一遍遍地漫过那上面标注的一个个文明的城市、一处处美丽的山水风景，飘逸的思绪亦随之上下纵横驰骋，渴望抵达的翅膀在上面一次次自由地翱翔……

15岁那年，这位少年写下了他气势不凡的《人生目标》：

要到尼罗河、亚马孙河和刚果河探险；

要登上珠穆朗玛峰、乞力马扎罗山和麦金利峰；

驾驭大象、骆驼、鸵鸟和野马；

探访马可·波罗和亚历山大一生走过的道路；

主演一部《人猿泰山》那样的电影；

驾驶飞行器起飞降落；

读完莎士比亚、柏拉图和亚里士多德的著作；

谱写一部乐曲；

写一本书；

拥有一项发明专利；

给非洲的孩子筹集100万美元捐款

……

他洋洋洒洒地一口气列举了127项人生的宏伟志愿。不要说实现它们了，就是看一看，就足够让人们望而生畏。许多人看过他给自己设定的这些远大目标后，都一笑了之。所有人都认为——那不过是一个孩子天真的梦想而已，随着时光的流逝，很快就会烟消云散的。

然而少年的心却被他那庞大的"人生目标"鼓荡得风帆劲起，44年后，他终于实现了一生志愿中的106个愿望。此人便是约翰·戈达德。

当有人惊讶地追问他是凭借着怎样的力量，让他把那些注定的"不可能"都踩在了脚下，让他把那么多的绊脚石都当作攀登的基石时，他微笑着说："很简单，我只是让心灵先到达那个地方，随后，周身就有一股神奇的力量，接下来，就只需沿着心灵的召唤前进好了。"

新学段新学年，孩子们又将站在新的起跑线上。让孩子拿什么献给自己的高中生活和以后的人生呢？就从定个"小目标"开始吧！